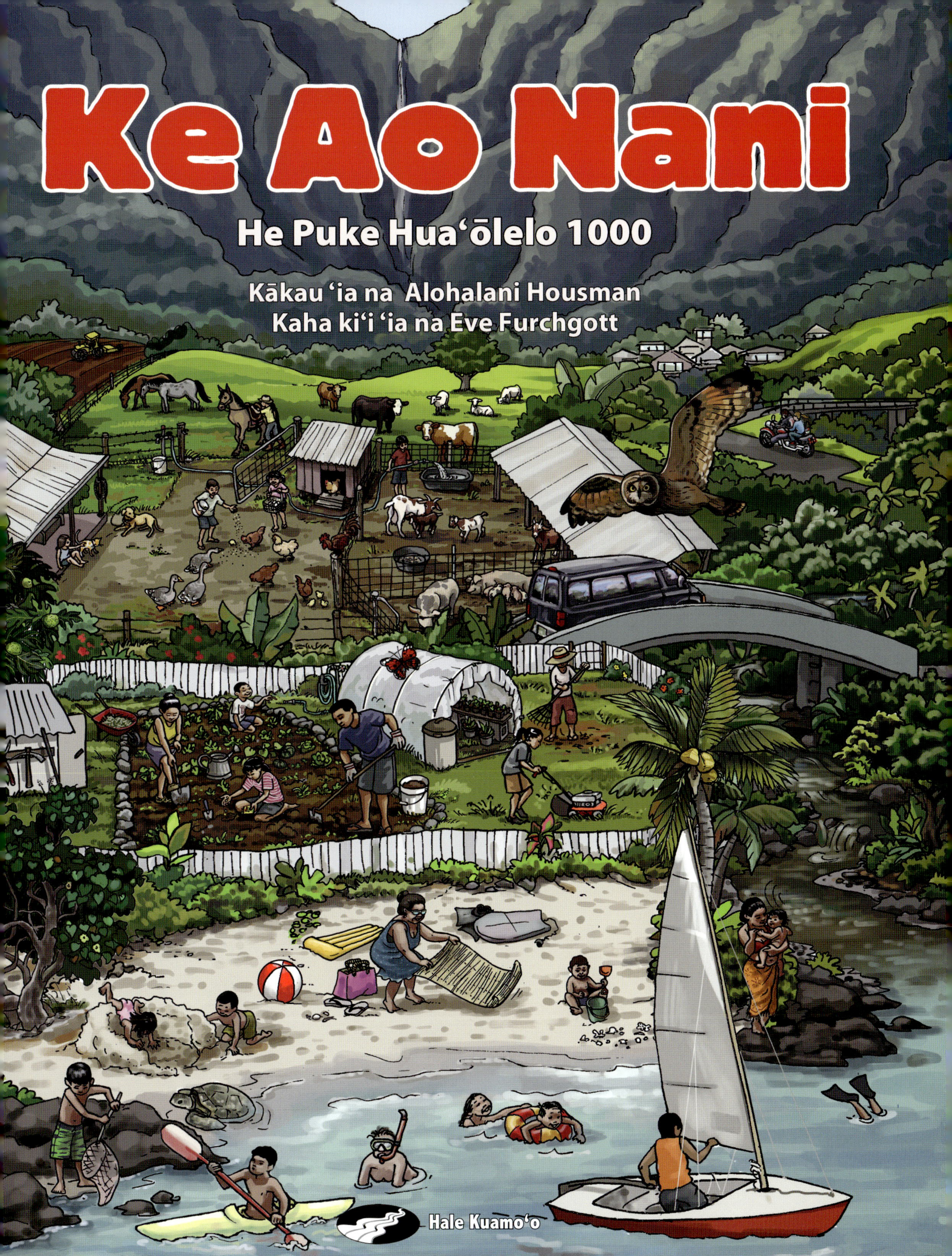

Ke Ao Nani
He Puke Huaʻōlelo 1000
Kākau ʻia na Alohalani Housman
Kaha kiʻi ʻia na Eve Furchgott
Hale Kuamoʻo

Hoʻomohala ʻia e ka Hale Kuamoʻo, Ka Haka ʻUla O Keʻelikōlani, Kulanui o Hawaiʻi ma Hilo ma lalo o ke Kuʻikahi Kulanui o Hawaiʻi me ka haʻawina kālā na ke Kellogg Foundation a me ka Administration for Native Americans.

Hoʻopuka ʻia e ka
Hale Kuamoʻo - Kikowaena ʻŌlelo Hawaiʻi
Ke Kulanui o Hawaiʻi ma Hilo
200 West Kāwili Street
Hilo, Hawaiʻi 96720-4091
hkuamoo@hawaii.edu

ISBN 978-0-9887830-0-3

Kākau ʻia na Alohalani Housman
Kaha kiʻi ʻia na Eve Furchgott

Hoʻokele ʻia na Alohalani Housman
Hoʻoponopono ʻia na William H. Wilson
Hakulau ʻia na Kaulana Dameg lāua ʻo Lepeka English

Paʻi ʻia ma Kōlea

No ka Hale Kuamoʻo

Kākoʻo a paipai ka Hale Kuamoʻo Kikowaena ʻŌlelo Hawaiʻi i ka hoʻokumu ʻana i ka ʻōlelo Hawaiʻi, ʻo ia ka ʻōlelo kaiapuni o nā kula, o ke aupuni, o nā ʻoihana like ʻole, i lohe ʻia mai hoʻi ka ʻōlelo Hawaiʻi mai ʻō a ʻō o Hawaiʻi Pae ʻĀina. Na ka Hale Kuamoʻo e hoʻomohala nei i nā haʻawina e pono ai ka holomua o ka ʻōlelo Hawaiʻi ʻana ma nā ʻano pōʻaiapili like ʻole e like hoʻi me ka haʻawina ʻōlelo Hawaiʻi no nā kula ʻōlelo Hawaiʻi, nā papahana kākoʻo kumu, ka nūpepa ʻo *Nā Maka O Kana*, a me ka puke wehewehe ʻo *Māmaka Kaiao*.

Ua hoʻokumu ʻia ka Hale Kuamoʻo e ka ʻAhaʻōlelo o ka Mokuʻāina ʻo Hawaiʻi i ka makahiki 1989. ʻO ka Hale Kuamoʻo ke keʻena Mokuʻāina ʻōlelo Hawaiʻi mua loa a puni ʻo Hawaiʻi. Inā makemake ʻoe e kākoʻo i nā pahuhopu a me nā hana o ka Hale Kuamoʻo ma ka lūlū mai i ke kālā hāʻawi manawaleʻa, e hoʻouna mai i ka University of Hawaiʻi Foundation – Hale Kuamoʻo ma ka helu wahi i hōʻike ʻia ma lalo iho nei.

Hale Kuamoʻo
University of Hawaiʻi at Hilo
200 West Kāwili Street
Hilo, Hawaiʻi 96720-4091
Kelepona: (808) 932-7430 • Kelepaʻi: (808) 932-7436
Leka Uila: hkuamoo@hawaii.edu
www.olelo.hawaii.edu

Ke Ao Nani
Printed by Penmar Hawaiʻi
Production: Gunpo-Si, Kyunggi-do, Korea
Date of Production: June 2019
Job Number: 19-8459-1

Ke Ao Nani

Kākau ʻia na Alohalani Housman
Kaha kiʻi ʻia na Eve Furchgott

Papa Kuhikuhi

Ke Kino

ke poʻo
ka lauoho
ka hokua
ke kuʻekuʻe maka
ka pepeiao
ka pāpālina
ke kuʻekuʻe lima
ke kua
ke alelo
ka umauma
ka lima
ka ʻōmaka waiū
ka ʻēlemu/
ka pāpākole
ka piko
ka ʻoloʻolo wāwae
ka manamana lima
ka lima
ka manamana nui
ka maka
ka ʻāʻī
ka lae
ka niho
ka ʻūpoʻi maka
ka waha
ka lihilihi maka
ka pōʻaeʻae
ka ihu
ka poʻohiwi
ka lehelehe
ka ʻauae
ke kīkala
ka ʻōpū
ka poli
ka pūlima
ka waiū
ka ʻūhā
ka wāwae
ke kuli
ka lapawāwae
ka wāwae
ke kuʻekuʻe wāwae
ka mikiʻac
ka manamana wāwae
ke kuʻekuʻe wāwae

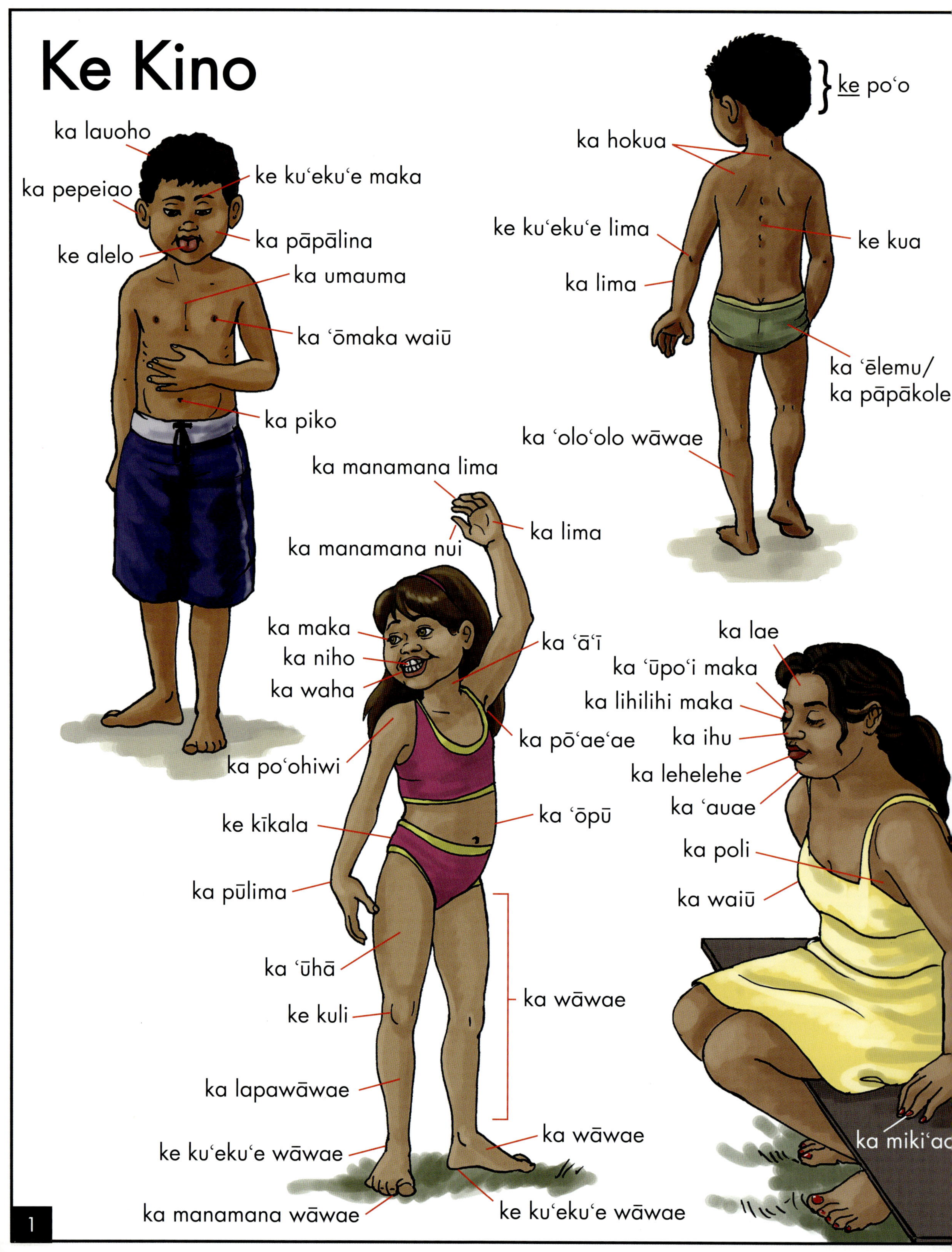

Ka Lole

ka lole ʻauʻau kai
ka pareu
ka lole moe pō
ka paleʻili
ka palemaʻi
ke kākini
ka paleʻili
ka lole wāwae pōkole
ke kalipa
ka palauki
ke ʻeke
ka palekoki
ke kāmaʻa hāwele
ke kueka haʻuki
ka lole wāwae kueka haʻuki
ke kāʻei ʻāʻī
ka lole ʻaʻahu
ke kāmaʻa hila
ka makaaniani
ka lei ʻāʻī
ka paʻa lole
ke kāmaʻa
ka lole wāwae ʻēpane
ka pāpale lauhala
ka muʻumuʻu
ka pāpale
ke kuka
ka mikilima
ke kāmaʻa puki
ka ʻili kuapo
ka huka
ke pihi
ke kāmaʻa haʻuki
ka lī kāmaʻa

Nā Hānaiahuhu

ka moʻo

ka manu pāloke

nā pōpoki

ka lāpaki

ka meaʻai ʻīlio

ka hale ʻīlio

ka lio

nā ʻīlio

nā iʻa

Nā Manu

ka palila
ka ʻapapane
ka ʻaukuʻu
ka pelehū
ka ʻio
ka manu mākaʻi
ka manu kū
ka manu mele
ka pāloke
ka manu peleita
ka nūnū
ka pihaʻekelo
ke kōlea
ka pueo
nā manu aloha

Nā Pono Kula

ka mea holoi

ka peni

ka penikala

ke kamepiula/
ka lolouila

ka pelamakani

ka peni kuni

ka papa keʻokeʻo/
ka papa peni kuni

ka tuko

ke kālana kākau

ka pahu ʻea

ka waihona

a mīkini ʻūmiʻi

ka pāiki hāʻawe/
ka pāisi hāʻawe

ka ʻūpā

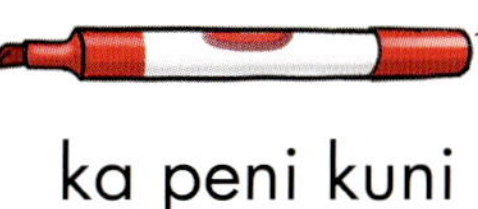

ka peni kuni

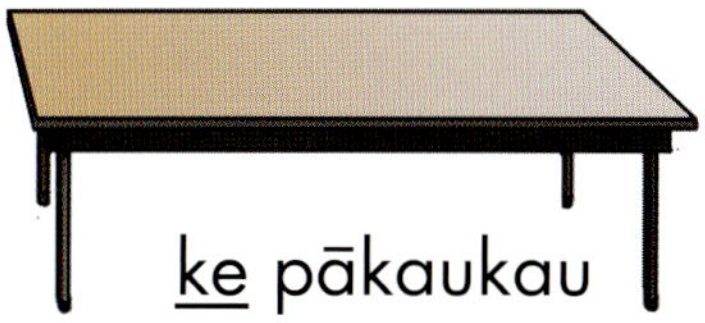

ke pākaukau

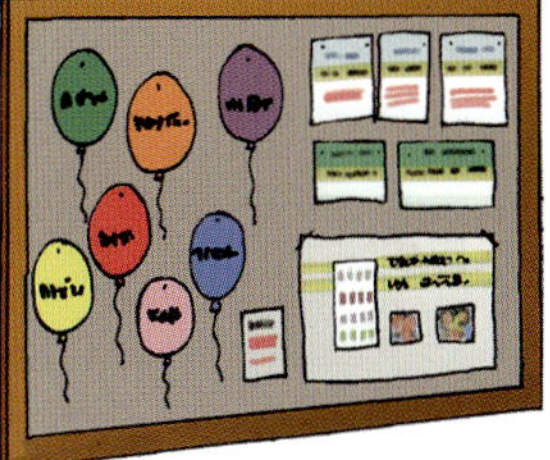

ka papa hōʻikeʻike

ka poepoe honua

ka lula

ka noho

ka hakakau pahu

nā puke

nā kala

ka pepaānue

ka leki

nā kāleka hakalama

Nā Mea Pāʻani

ka nane ʻāpana

ka māpala

nā palaka

ke kaʻaʻauhuki

ka lio paipai

ka pena

ke kalaikikala

ka lupe

ka hū

ke kaʻa

ka moku peʻa

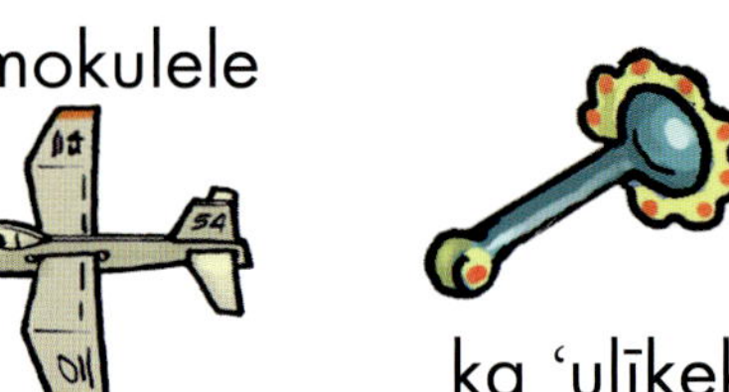
ka mokulele

ka ʻulīkeke

ke kaʻaahi

ka lopako

nā maka kiʻi

ka pahu

ke kalaka

ka hale pēpē kiʻi

ka ipu kī

ke pola kī/
ke kīʻaha kī

ka pāhiʻu

ka pāpeta

ke kui lāʻau

ka hāmale

e kinipōpō

ka pākeke

nā kiʻi milimili

nā pēpē kiʻi

Ke Kahua Pāʻani

ka uapo

ka ʻuʻupekupeku lio

ke kaʻapēpē

ka paiō

ka pikiniki

ka paleupoʻo

ke pākaukau pikiniki

nā kāmaʻa huila

ka noho lōʻihi

ka papa huila

ka papa paheʻe

ka hao pīnana

ka puaʻiwai

ka hao pīnana

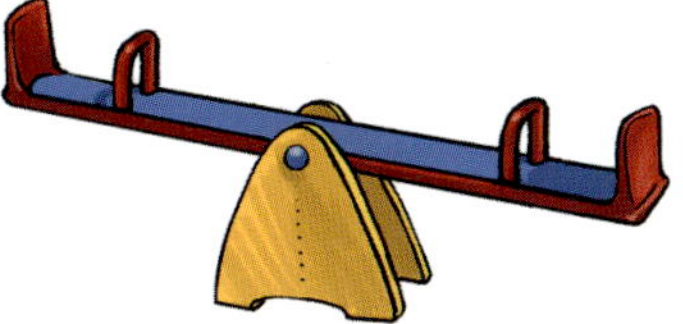

ka papa hulei

ke konela kolo

Nā Waihoʻoluʻu

ka ʻulaʻula

ka ʻalani

ka uliuli/ka polū

ka ʻākala

ka melemele

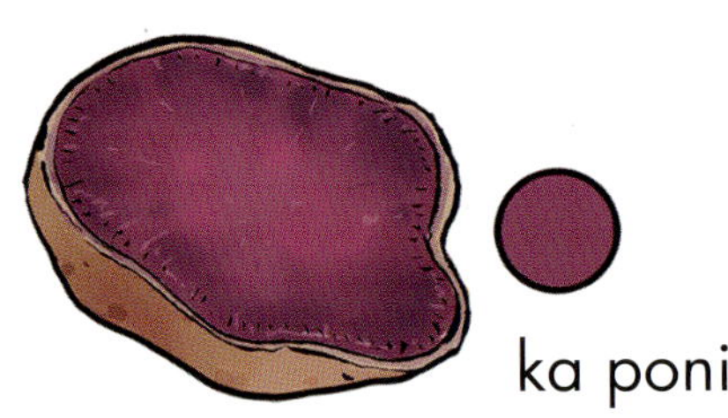
ka poni

ka ʻōmaʻomaʻo

ka mākuʻe/ka palaunu

ke keʻokeʻo

ka ʻāhinahina

ka ʻeleʻele

Nā Kinona

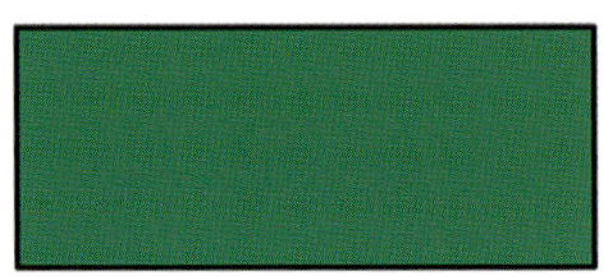
ka huinahā lōʻihi

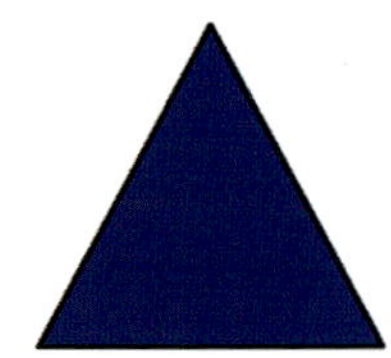
ka huinakolu

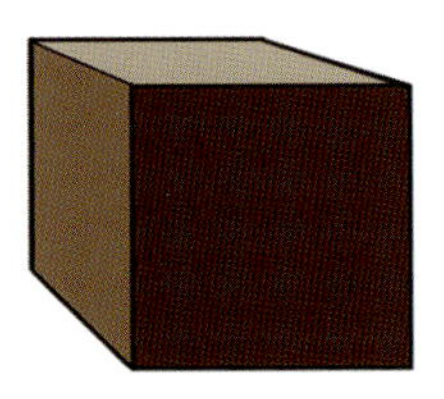
ka paʻaʻiliono

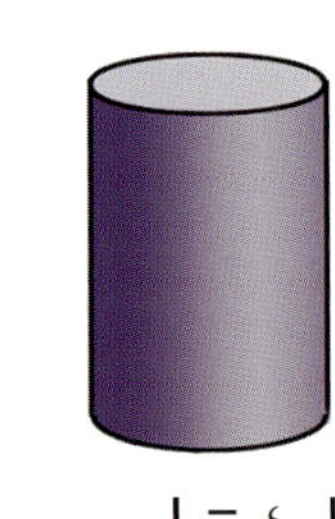
ka paukū ʻolokaʻa

ka huinahā like

ka pōʻai

ke kaimana

ka hoaka

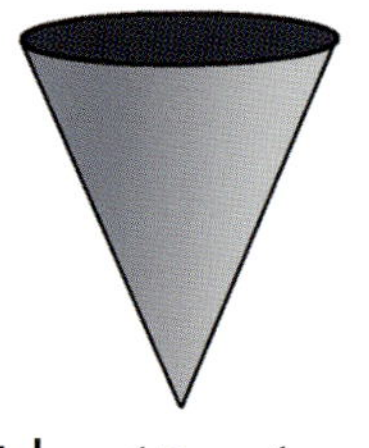
ka ʻōpuʻu

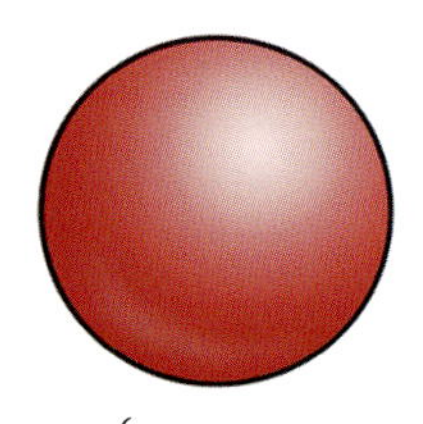
ka paʻa poepoe

ka hōkū

ka haka

ka ʻololaha

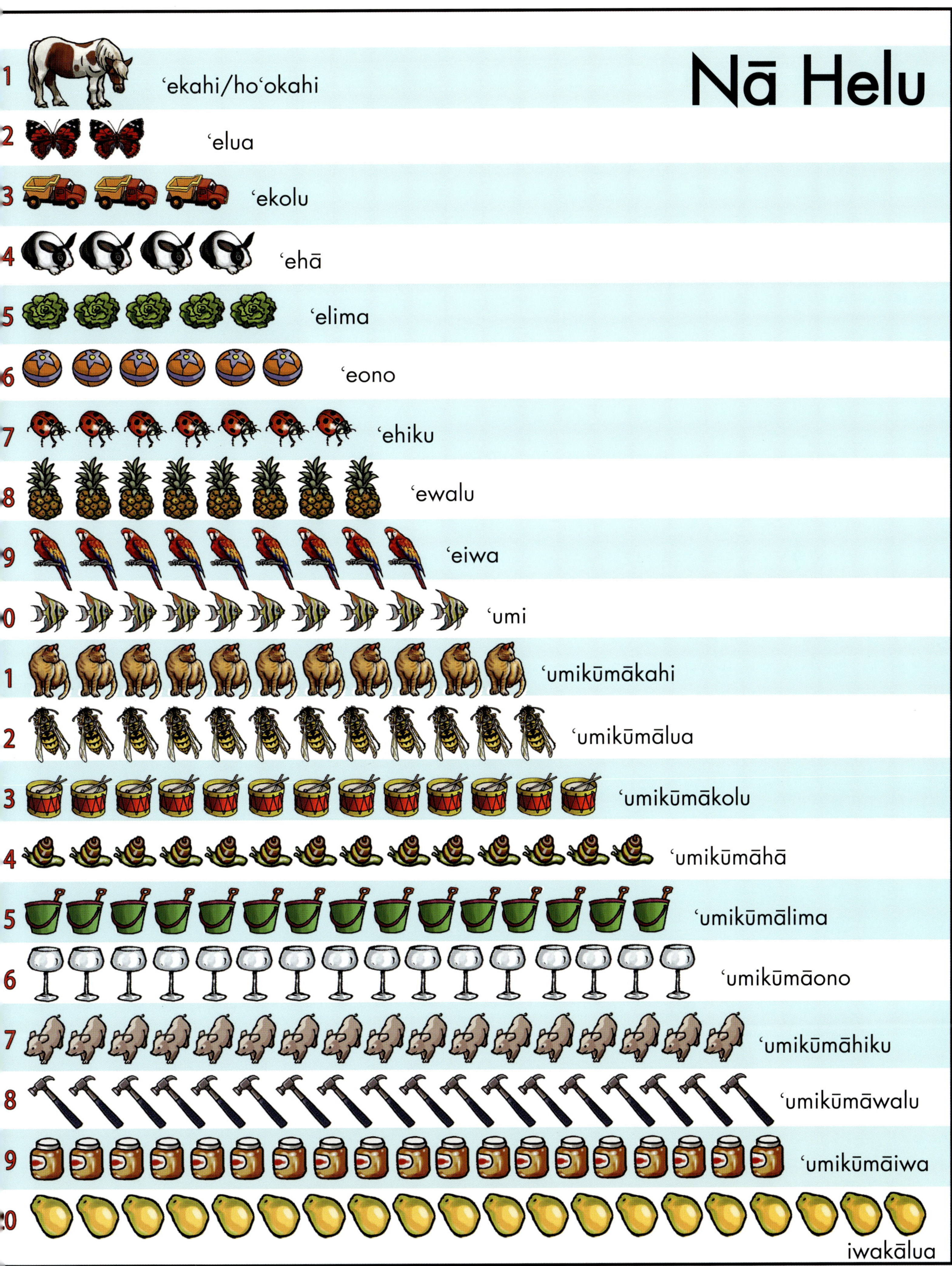

Nā Helu
1 ʻekahi/hoʻokahi
2 ʻelua
3 ʻekolu
4 ʻehā
5 ʻelima
6 ʻeono
7 ʻehiku
8 ʻewalu
9 ʻeiwa
0 ʻumi
1 ʻumikūmākahi
2 ʻumikūmālua
3 ʻumikūmākolu
4 ʻumikūmāhā
5 ʻumikūmālima
6 ʻumikūmāono
7 ʻumikūmāhiku
8 ʻumikūmāwalu
9 ʻumikūmāiwa
0 iwakālua

Nā Hana

ke kākau
ka uē
ka pena
ka huki
ka inu
ka pūlumi
ka ʻai
ke kanu
ka hīmeni
ka piʻi
ka pāʻani mū
ka holoi pā
ka lele
ka hoʻohele ʻīlio
ka peku
ka ʻōlelo
ke kiloi
ka heluhelu
ka hoʻolohe

ka hulahula pālē
ka pūliki
ka pahu
ka minoʻaka
ka hiamoe
ka peʻe
ka hāpai hao
ke kihe
ke ʻoki
ke kuke
ka halihali
ka ʻakaʻaka
ka hula
ka ʻeli
ka lawaiʻa
ke puhi
ke kolo
ka ʻapo

Nā Hoa ʻĒkoʻa

ka momona ka wīwī

ke pani ka wehe

ke alo ke kua

ke ao ka pō

ka liʻiliʻi ka nui

ka ʻōpuʻupuʻu

ka paheʻe

ka huʻihuʻi ka wela

ka palupalu

ka paʻakikī

ka hauʻoli ke kaumaha

ka moʻopuna ke kupuna

i loko i waho

ka mamao
ke kokoke
ka mea kahiko
ka mea hou
i luna
i lalo
ma luna
ma lalo
ke kāne
ka wahine
ka ʻāwīwī/
ka wikiwiki
ka mālie
ka hoʻopio
ka hoʻā
ka maloʻo
ka pulu
ka piha
ka hakahaka
ka māmā
ke kaumaha
ka pōkole
ma uka
ma kai
ka lepo
ka maʻemaʻe
ka lōʻihi

Nā Pono Hale

ka waihona lāʻau lapaʻau

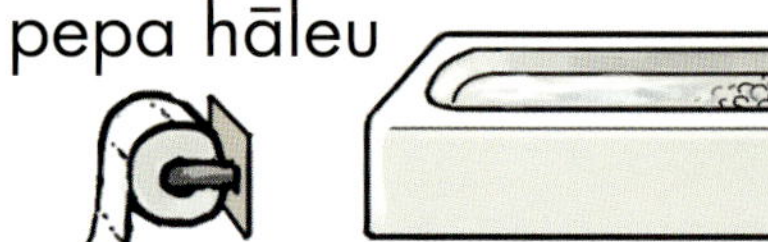

ka pepa hāleu

ke kapu ʻauʻau

ke poʻo kililau

ka pauka niho

ka palaki niho

ka pāuma lua

ka lua

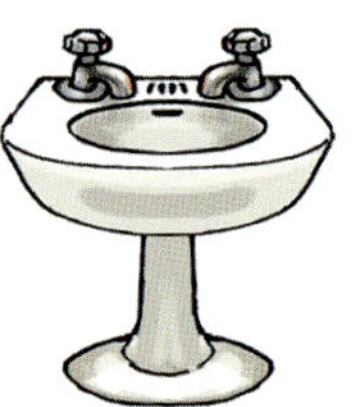

ke kinika

ka hainakā pepa

ke kīwī

ke kukui

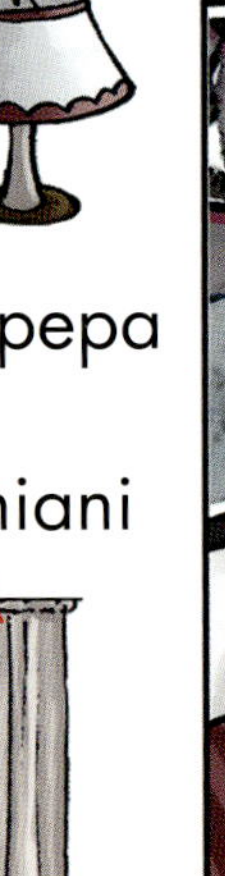

ka nūpepa

ka pale pukaaniani

ka pukaaniani

ke kokī

ke kiʻi

ke kalaina/ ke kiʻi kālai

ke kīkā

nā kiʻi

ka mīkini pā sēdē

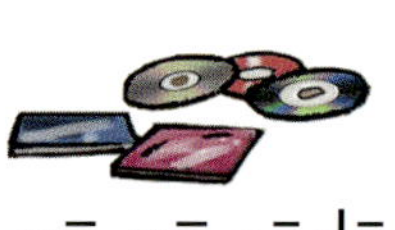

nā pā sēdē

ka pika pua

ka pahu paʻi kiʻi

e kini ʻōpala

ke kopa
ke kopa lauoho

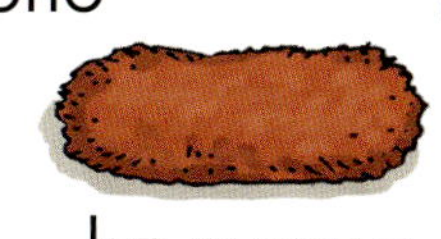
ka moena
ka pahu lako kāhiko
ke aniani nānā/
ke aniani kilohi
ka wai hōʻaʻala/
ka wai lūkini

ke kahi
ka palaki lauoho

ka moe

ka pahu ʻume

nā pelaha

ka waihona lole
ka mea kau lole

ka moena kuakuai kāmaʻa

ka mīkini holoi lole
ka hao kōʻala
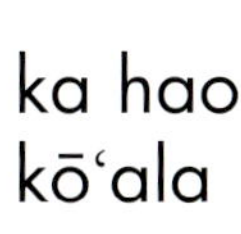

e kaula kaulaʻi lole

ke ana wela
nā kopa holoi lole

ka mākoi/
ka mōkoi
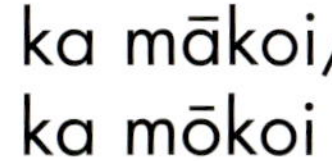
nā kukui paʻa lima
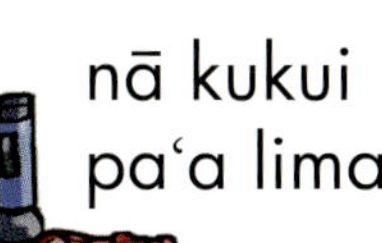
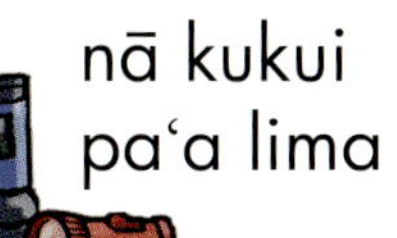
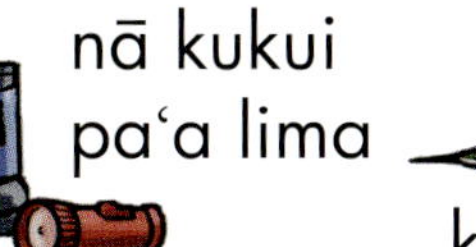
ka māmalu

ke kīʻaha

nā puna ana

Ka Lumi Kuke

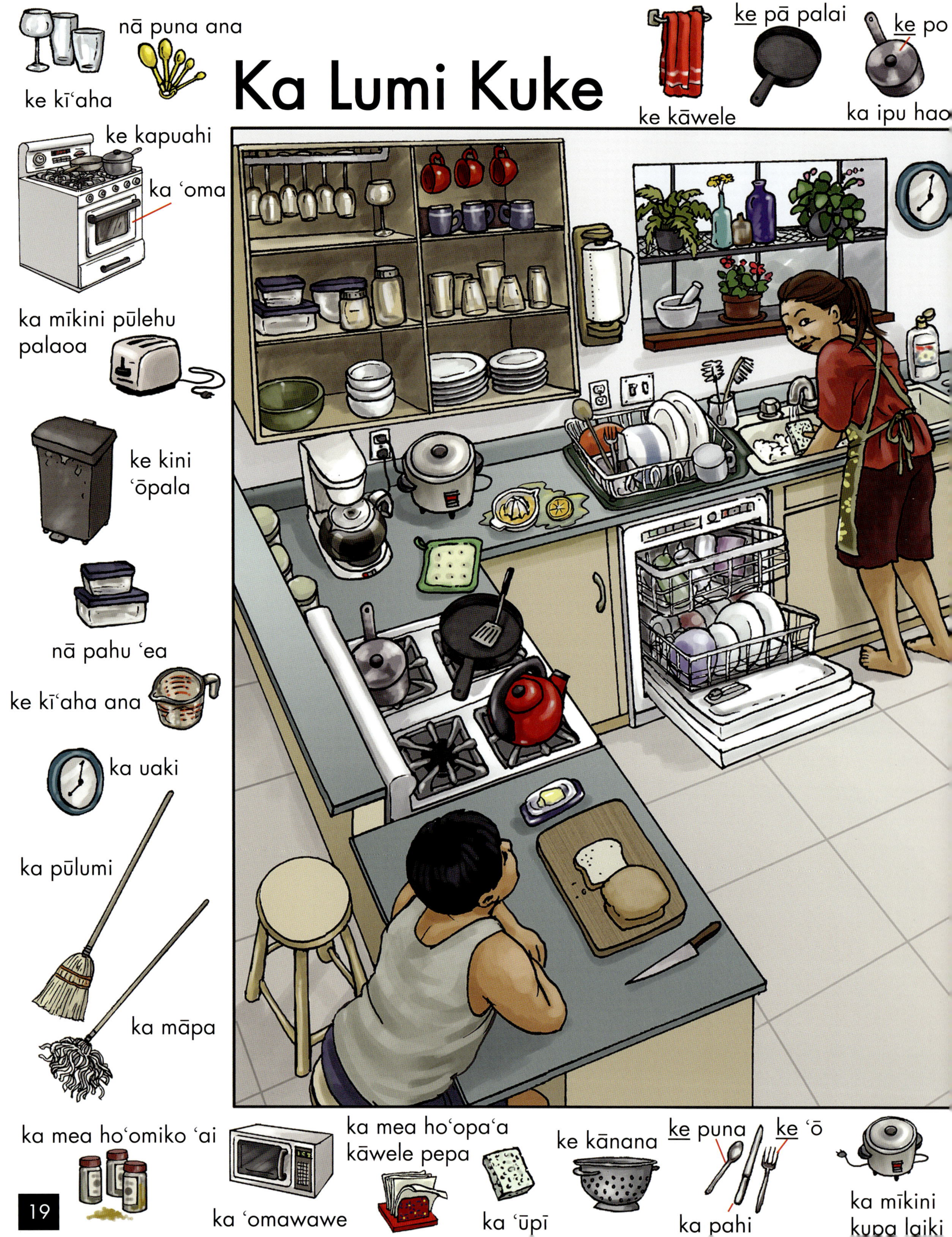

ke kāwele

ke pā palai

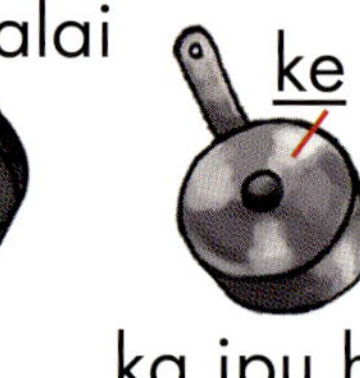

ke po

ka ipu hao

ke kapuahi

ka ʻoma

ka mīkini pūlehu palaoa

ke kini ʻōpala

nā pahu ʻea

ke kīʻaha ana

ka uaki

ka pūlumi

ka māpa

ka mea hoʻomiko ʻai

ka ʻomawawe

ka mea hoʻopaʻa kāwele pepa

ka ʻūpī

ke kānana

ke puna

ke ʻō

ka pahi

ka mīkini kupa laiki

a ʻūlau

ka poho pepa

ka poho paʻakai

nā pola kope

nā pā

ka mea paʻa ipu hao

ke pola

ka pika wai

ka mīkini kāwili

ka mea ʻuī lemi

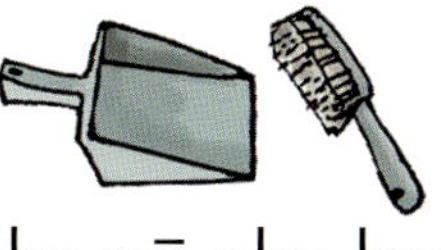

ke pā ehu lepo

ka ʻūhōloʻa kāwele pepa

ke kāwele pepa

ka mīkini holoi pā

ka pahu ʻume

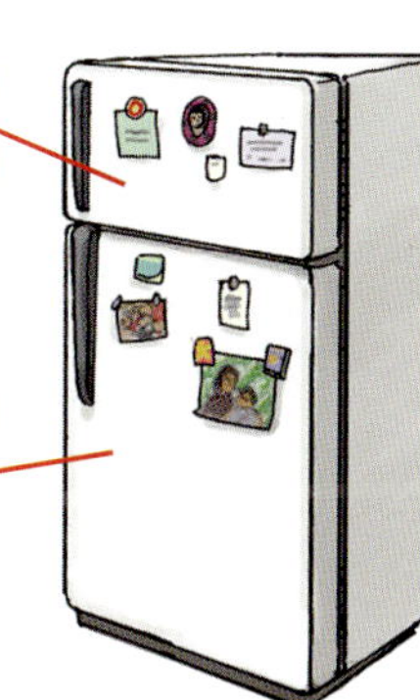

ka pahu paʻahau

ka pahu hau

ka mīkini kupa kope

ke kinika

nā palaki

ka ipu kī

ka haka kaulaʻi pā

ka papa ʻokiʻoki

Ka Hale Hana

ka pūnuku/ka pūnuku ea

nā kui

ka pahiolo

ka pahiolo uila

ka mīkini kumuwili

nā palaea

ke kala paipu

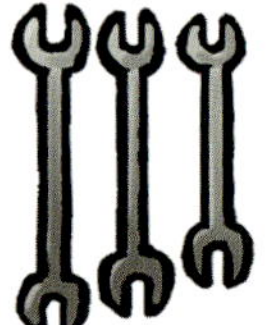

nā hao wili

ka ʻūmiʻi hoʻopaʻa

ka hāmale

nā kui nao

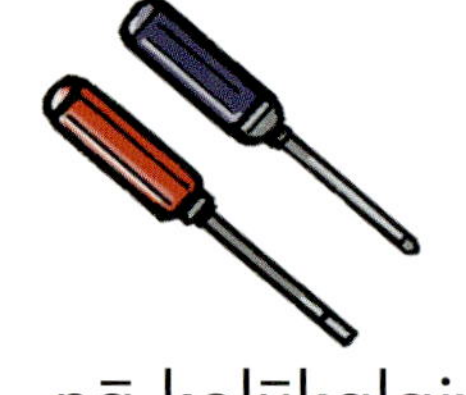

nā kolūkalaiwa

ka leki anc

ka pae palaka uila

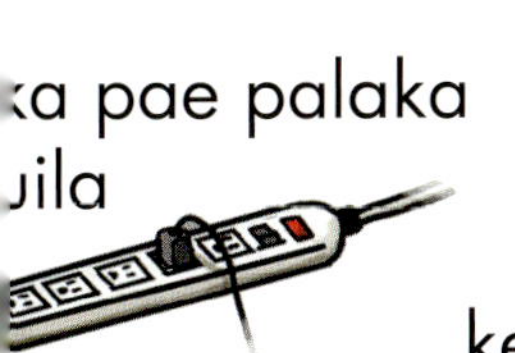

ke pā pahiolo

ka ʻiliwai

ka ʻūhili nalo

ka pepa one

ka leki

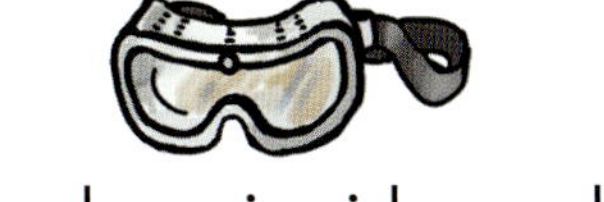

ka makaaniani kaupale

ka ʻalemanaka

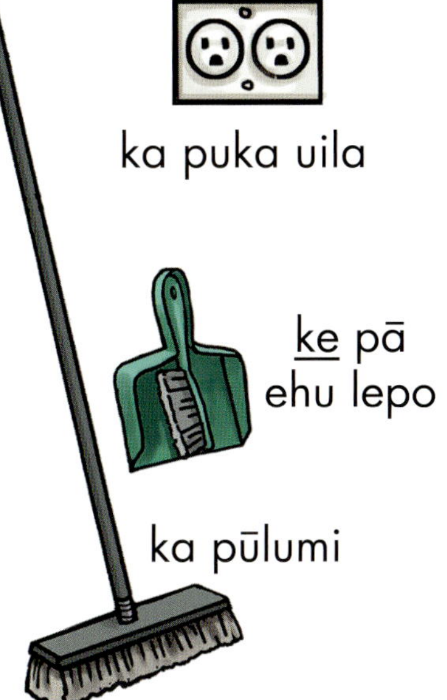

ka puka uila

ke pā ehu lepo

ka pūlumi

ka waihona mea hana

nā hulu pena

ka ʻaila kīkī

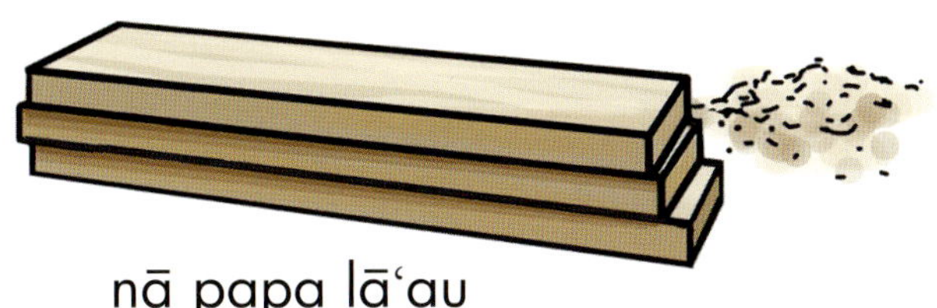

nā papa lāʻau

Ka Māla

ke ʻie

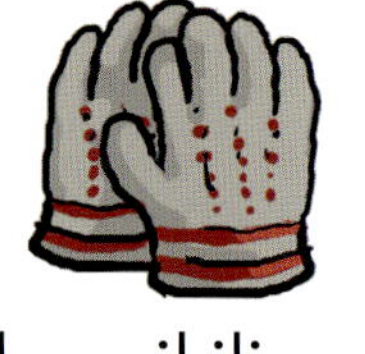

ka mikilima

ke kopalā lima

ka pua mēlia

ke kopalā

ka hale hoʻoulu meakanu

ke kumulāʻau

ke koʻi kālai/ ka hō

ka pahu meli / ka pūnana meli

ke kini ʻōpala

nā ʻanoʻano

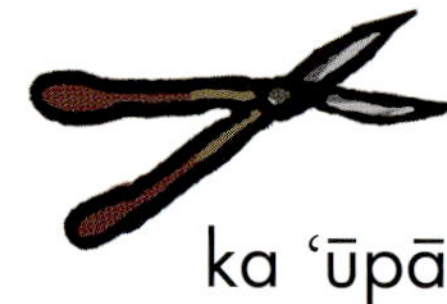

ka ʻūpā

ke kipikua lima

ka ponumomi

ka nalo me

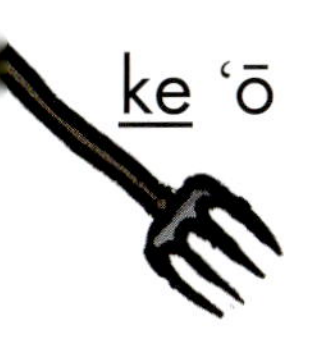

ke ʻō

ka pūnana manu

ka pulelehua

ka pākeke

ka pāpale

ka mīkini ʻoki mauʻu

ka huilapalala

ka homeka

ke kope ʻōpala

ke alahaka

ke kini hoʻopulu meakanu

ka hao kope

ka lauʻai

ka ʻenuhe

ka ʻiliwai

Nā ʻElala
ka nananana mahikō
ka ʻūhini kani
ka ʻūhinipule
ka nananana makakiʻi
ka pulelehua Kamehameha
ka ponumomi
ka pulelehua kāpiki
ka nananana pua
ke kuʻukuʻu
ka ʻaha
ke kopiana
ka ʻōkaʻi
ka lō
ke kanapī
ka ʻēnuhe
ka ʻuku lele
ka ʻuku hipa
ka hopeʻō
ka makika
ka nalo meli
ka nalo
ka ʻelelū
ka ʻuku poʻo
ke koʻe
ka mū ʻai lāʻau
ka naonao
ka ponu
ka pinapinao
ka pinao

Ke Anilā

ka lewa

ke ao

ka lā

ke ānuenue

ka ua

Ka Pāumu

ka moa wahine

ka hipa

ka pipi

ka hale moa

ke pākini meaʻai

ka moa kāne

ka pōpoki

ke kao

ke kapu wai

ke ʻie huamoa

ka ʻiliwai

ka lio

ka pākeke

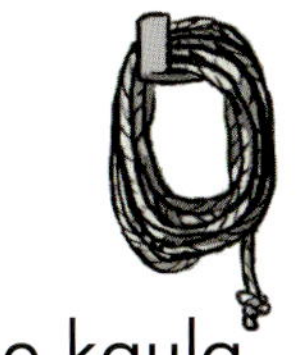
ke kaula

ke kopalā

ka moa keiki

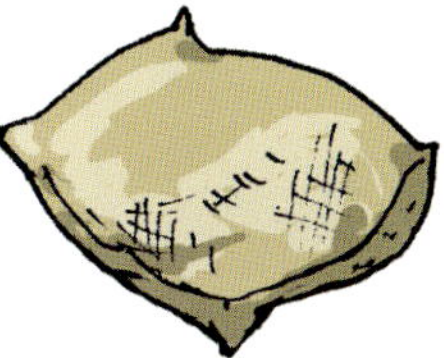
ke ʻekemauʻu

ka nēnē

ke kaʻa kauō

ka paipu wai

ke pani ʻīpuka

ka ʻīpuka

ke kakā

ka ʻīlio

ke kakā keiki

ka noho lio

ka puaʻa

Nā Alakau

ke kaʻa

ka moku

ke kaʻa hai

ka mokulele

ke kaʻa wane

ka mōpeka

ka mokokaikala

ke kalaka

ke kaʻa pōulia

ka pālun

ke kaʻaʻōhua

ke kaʻaahi

ka moku peʻa

ke kukui hoʻokū

ka helekopa

ke kaʻaʻōhua kula

ka uhi pūkuʻi

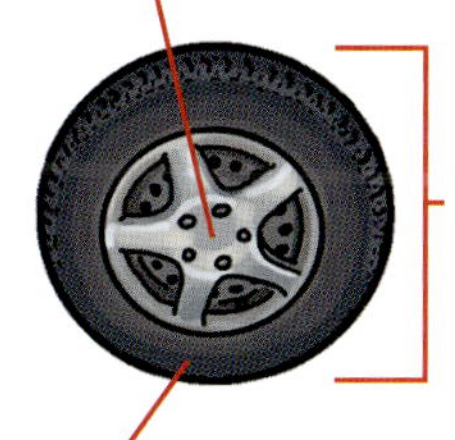

ka huila

ke kaea

ke kalaka

ke kaʻa kinai ahi

ka moku kolo

ka pāki

Kahakai

ka moena hoʻolana

ke kopalā

<u>ke</u> ʻeke kahakai

ka paipu hanu

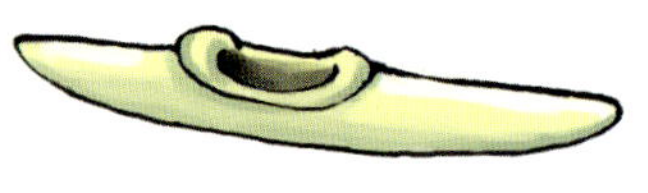

ke kaiaka

ka māmalu

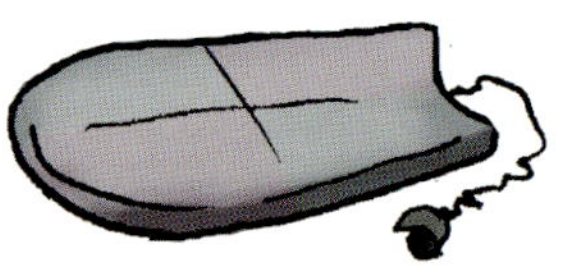

ka papa kaha nalu

ka pākeke

ka lina hoʻolana

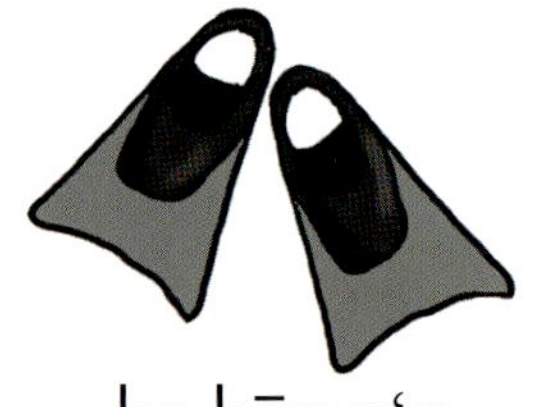

ke kāmaʻa peku kai

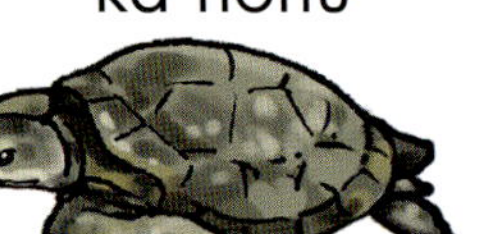

ka honu

ka ʻaila pale lā

ke one

ke kinipōpō

ke kākela one

ka moena

nā pūpū

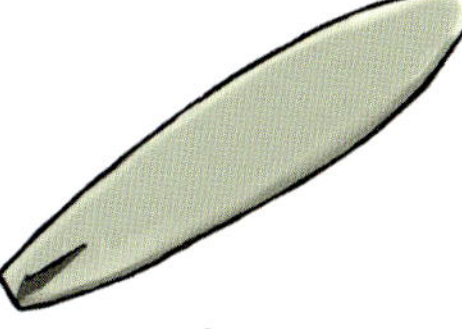
ka papa heʻe nalu

ke kalipa

ke kai

ka makaaniani kala

ka pāki

ka noho kahakai

ke koʻa

ka ʻupena

ka pāpaʻi

ka pahu kula

ke kāwele

Ka Mākeke Mahiʻai

ka laikī

ka halakahiki

ka lahopipi

ke ʻie ʻōhiʻa lomi

ka lemi

ke kaʻukama

ke ana paona

ka hēʻī/ka mīkana

ka maiʻa

ka waiūpaka lilikoʻi

ke kāpiki Pākē

ke ʻakaʻakai pilau

ke kele

ka ʻalani

ke kumu kūʻai

ka palaʻai Kepanī

ka manakō

ka lekuke

ka pōkē pua

ka pea

ka pūʻolo huaʻai

ka ipu haole/
ka ipu ʻai waha

ka mea inu

ke ʻakaʻakai lau

ke kope

ka ʻawapuhi

ka ʻōhiʻa lomi

ke ʻeke

ke kālā

ka ʻuala

ka pahu pepa

Ka Hale Kūʻai Meaʻai

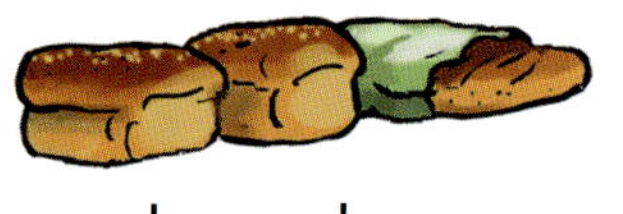

ka palaoa

ka ʻōpae

ke koneko

ka māpina

ka ʻiʻo holoholona

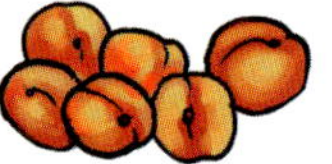

ka piki

ka huhui hua waina

ka ipu ʻala

ke kalelē

ke kāloke

ke keli

ka pāpapa

ka palakalī

ke kūlina

ka pea pakaleke

ke kalipalaoa

ka iʻa

ka ʻōlepe

ka waiū

ka wai huaʻai ʻalani

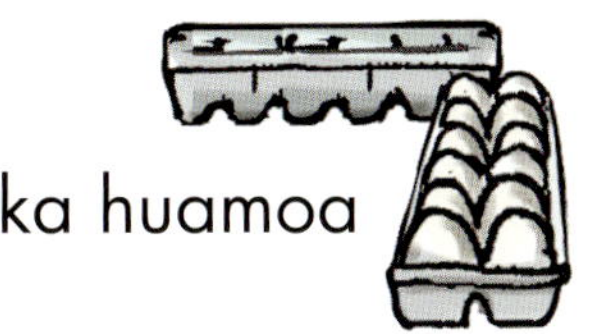

ka huamoa

ka palaoa

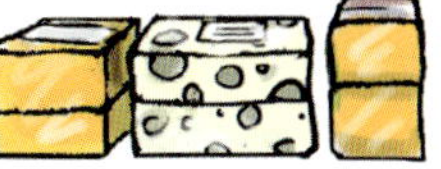

ka waiūpaʻa

ka waiūtepe

ke kiriala/
ka siriala/ka siriō

ke kini meaʻai

ke kōpaʻa

ke kaʻa
mākeke

a ʻuala kahiki

ka ʻōhelo papa

ka ʻāpala

ka pai

ka makakina/ka makasina

ka mīkini
ʻohi kālā

Nā Pono Hula

ke kālaʻau

ka pāʻū lāʻī

nā ipu heke

nā pāʻū

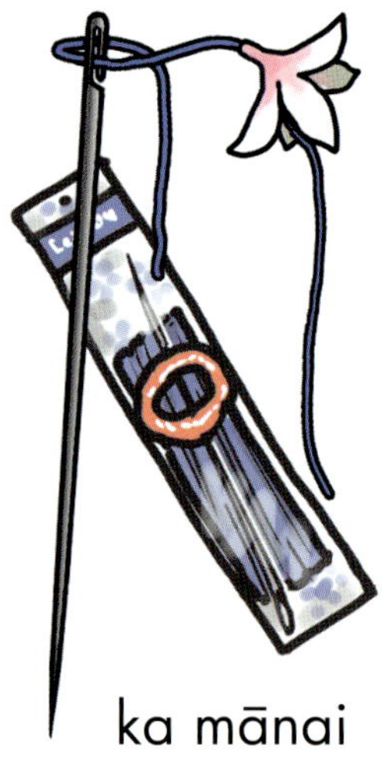

ka mānai

ka ʻukulele

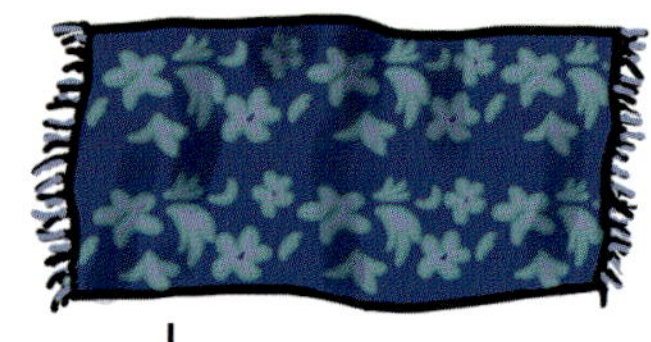

ka pareu

ka pāaniani

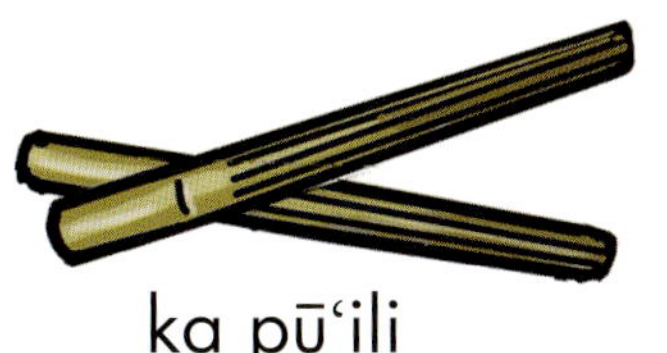
ka pūʻili

ka hulu manu

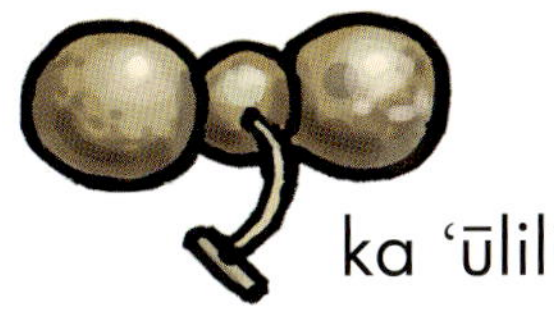
ka ʻūlili

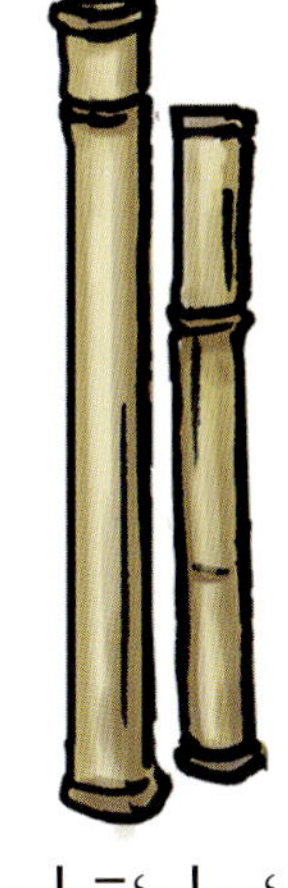
ke kāʻekeʻeke

ka ʻulīʻulī

ka pahu

ka pūniu

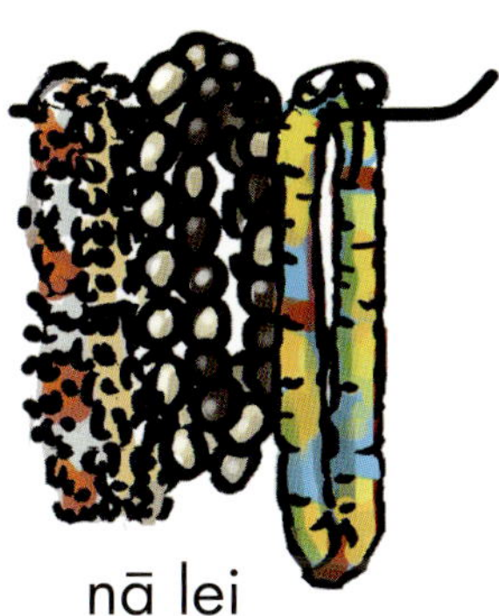
nā lei

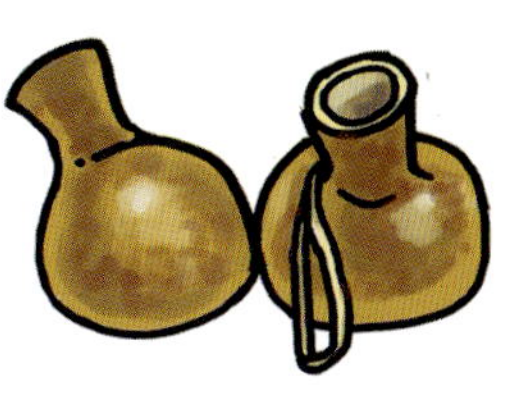
nā ipu

ka papa hehi

nā ʻiliʻili

ka pāpale

Ke Keʻena Kauka

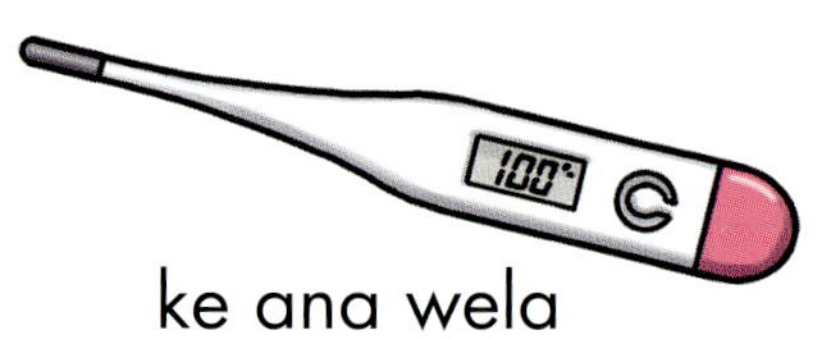

ke ana wela

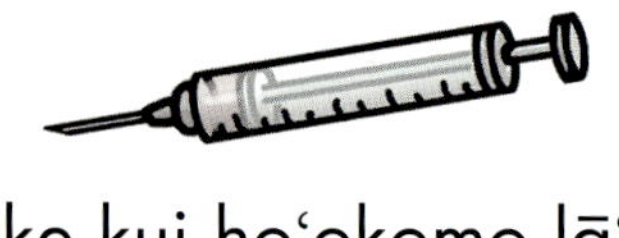
ke kui hoʻokomo lāʻau

ka waihona mea maʻi

ke kaiapa

nā mikilima laholio

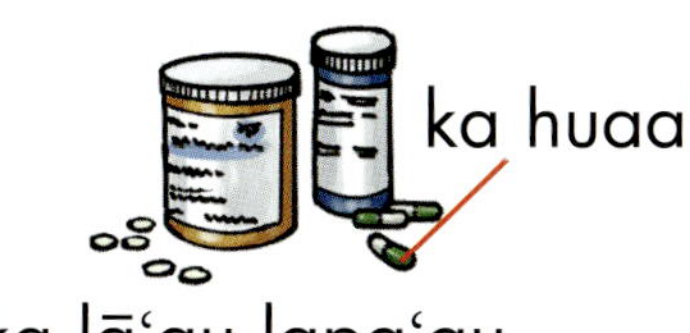

ka huaale

ka lāʻau lapaʻau

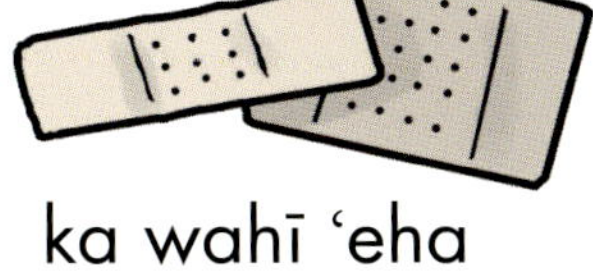

ka wahī ʻeha

ka māpoho maʻi

ke kahu maʻi

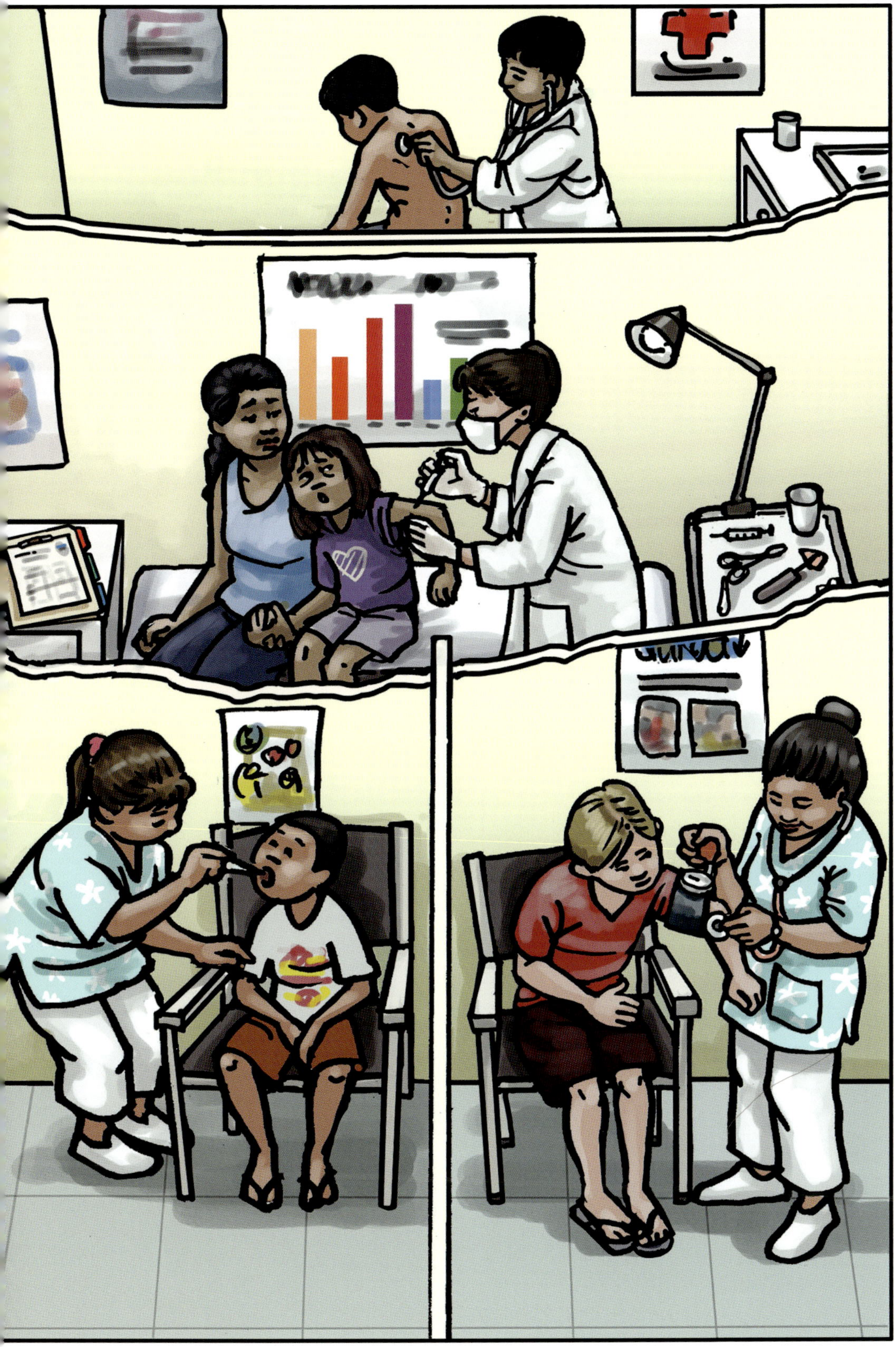

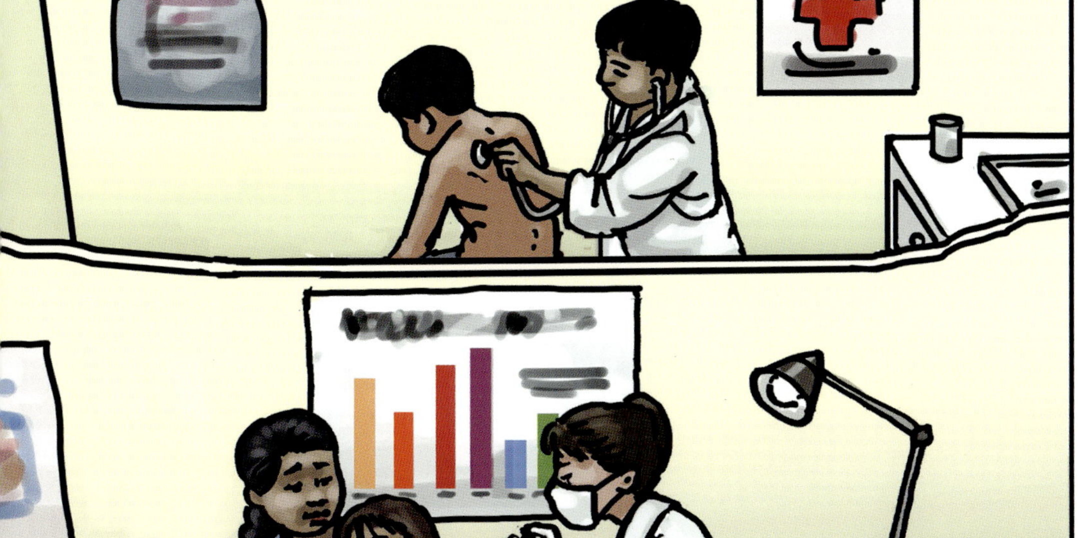

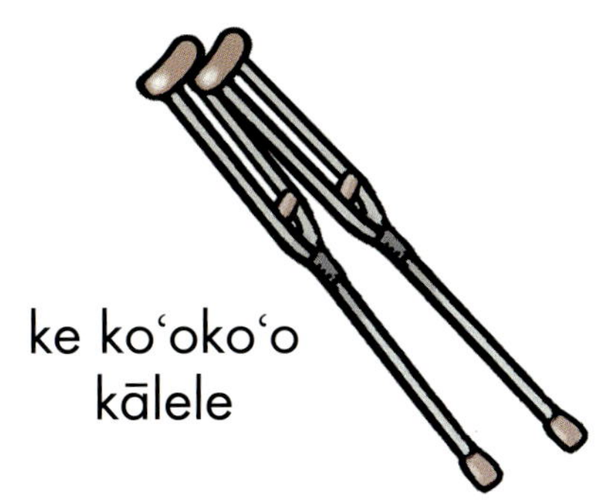

ke koʻokoʻo kālele

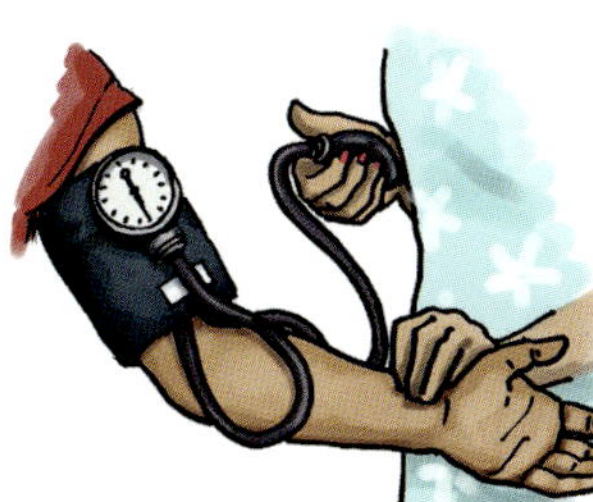

ke ana mīkā koko

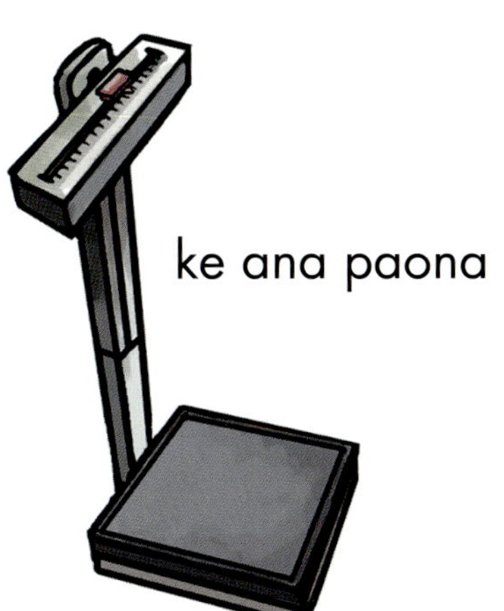

ke ana paona

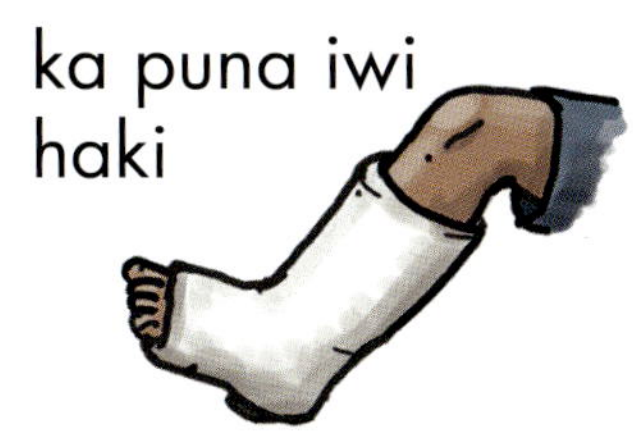

ka puna iwi haki

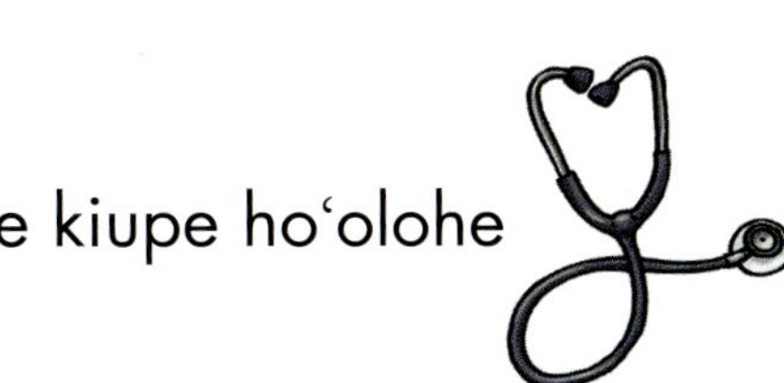

ke kiupe hoʻolohe

ke koʻokoʻo

ka noho huila

Nā Haʻuki

ka ʻau

ka holo paikikala

ka piʻi kuahiwi

ka hākōkō

ka heʻe nalu

ka lakapī

ka heʻe hau

ka pōpaʻipaʻi

ke kaʻalehia

ka heihei

ke kenika
ka hekehi
ka pōhili
ka pōwāwae
ke karatē
ka pana pua
ka pōhīnaʻi
ke kolepa
ka pōpeku
ka holo
moku peʻa
ka hoe waʻa
33

Nā ʻOihana

ke kauka
ka lawaiʻa
ke kahuna pule
ke kuke
ka mākaʻi
ke kuene
ka lawe lek
ke kākau ʻōlelo
ka wilipaipu
ke kalaiwa
ke kinai ahi
ka mahiʻai

ke kamanā

ka paniolo pipi

ke kahu mālama puke

ka mea ʻohi kālā

ke kauka niho

ka mekanika

ke kanaka hana uila

ka mea puhi palaoa

ka mea ʻako lauoho

ka pena hale

ka luna kānāwai

ka mea ʻenehana

Ka Pāʻina Lā Hānau

nā lei ʻilima

ka pēpē

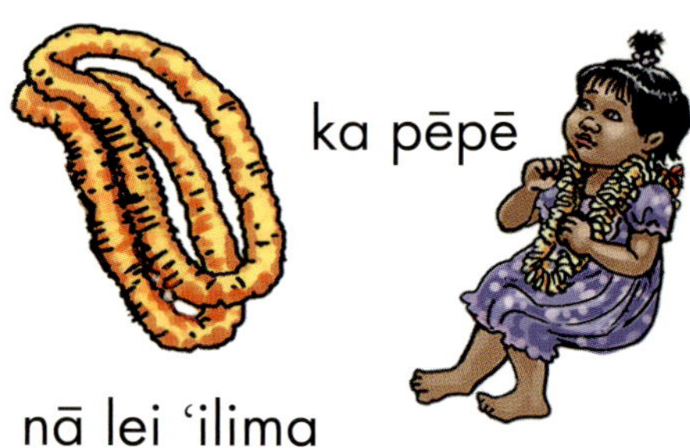

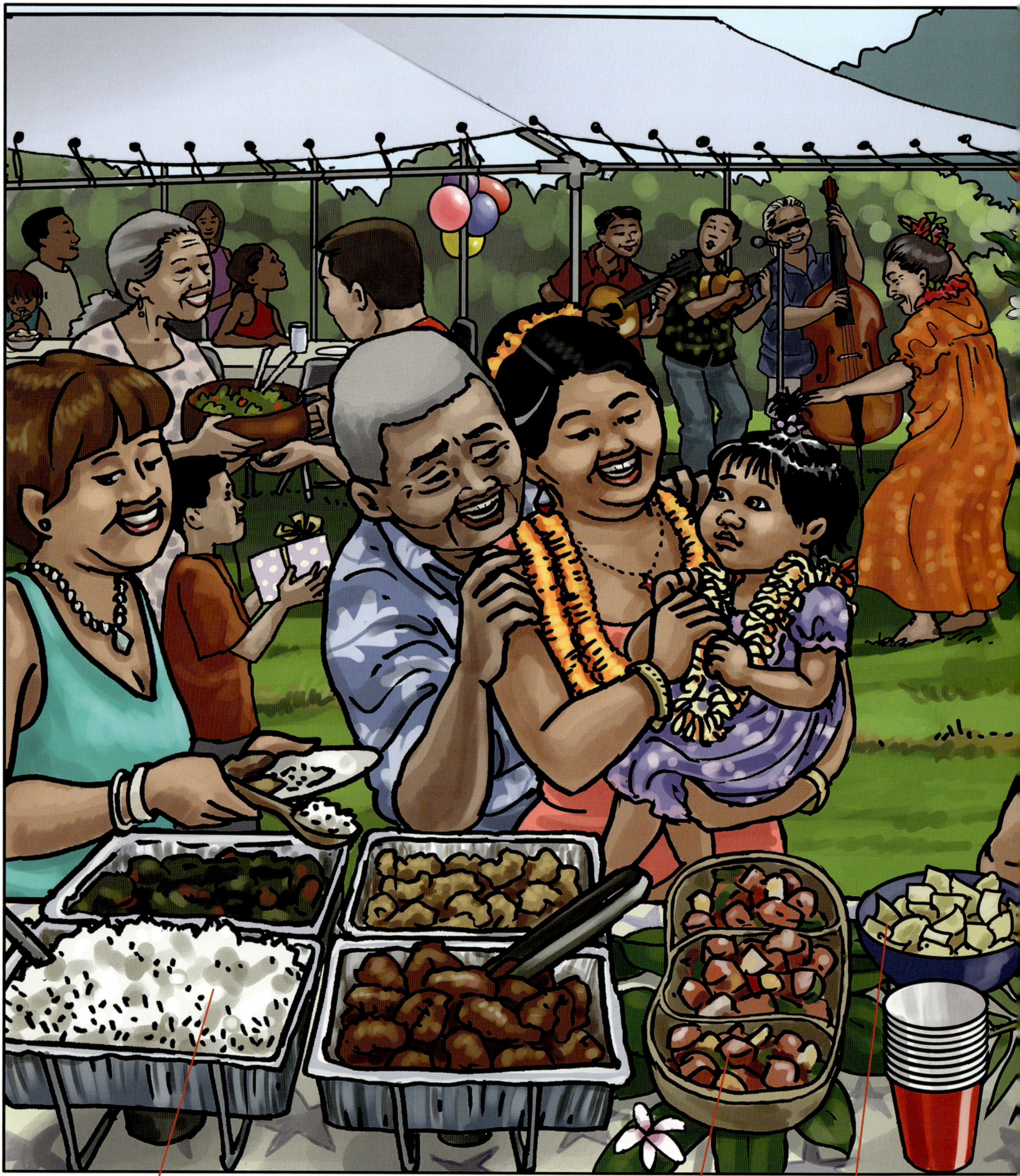
ka laiki
ka poke ʻahi
ka ʻulu

pōkē pua

nā pāluna

ke kalapu hīmeni

nā kīʻaha

ka meaʻono

ka wahine hula

ka ʻohana

ke kapolena

nā makana

ka meaʻai

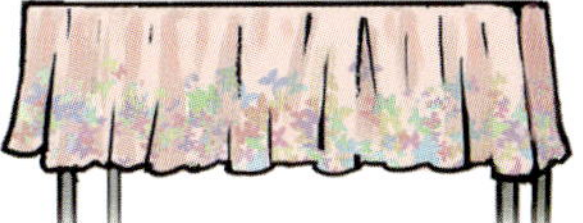

ka pale pākaukau

ka imu

ka poi

nā pā pepa

ka ʻūlau meaʻono

Ka Mea‘ai

ka sūshī

ke kaimine

ka pua‘a kālua kāpiki

ke kimchī

ka pipi kū

ka lokomoko

ke kāmano lomi

ka malasada

ka moa laiki loloa

ka he‘e lū‘au

ka manini palai

ka ‘opihi

ka haupia

ka ‘ōpelu malo‘o

ka tempura
ka moa hulihuli
ka monamona
ke kūlolo
ka poke
ka na‘aukake
ka haukōhi
ka laulau
ka sāleta makaloni
ka musubī
ka ‘uala
ka manapua/
ka mea‘ono pua‘a
ke kini pipi
ke kupa pāpapa Pukikī
ka ‘ōpae me ka laiki
ka poi
ka chāsiu
ka pua‘a uahi

Nā Meaola Kai
ke ʻāloʻiloʻi
ka honu
ka sila
ka ʻūʻū
ke kihikihi
ke kole
ke kūmū
ka uhu
ka humuhumunukunukuapuaʻa
ka moi
ka nūnū
ka mūheʻe
ka mū
ke kala
ka lupe/
ka hīhīman
ka ʻāweoweo
ka puhi
ka loli
ka ula
ka hāwaʻe
ka unauna
ka ʻōpa

ka mālolo
ke koholā
ka naiʻa
ka hāhālua
ke aʻu
ka ulua
ka manō
ka ʻalaʻihi
ka pākuʻikuʻi
ke āhole
ka manini
ka heʻe
ka weke
ka hīnālea
ka lauʻīpala
ka pākiʻi
ke kapuhili
ka hāʻukeʻuke
ka wana
ke koʻa

Nā Holoholona

ke kimepani
ke kikonia
ke kepela/ka zebera
ka laehaokela
ka nāhesa
ka pāpulō
ka penekuina
ke kanakalū
ke keko
ka ʻalakeka
ka manu pīkake
ka ʻelepani
a pea/
a bea
ke kāmelo

Nā Kumulāʻau a me Nā Meakanu

ka pū
mai'a
ka uhi
ka 'ohe
ka niu
ka milo
ka hau
ka 'ape
ka 'ōlena
ke kalo
a 'awapuhi kuahiwi
ka pū'awa
ke olonā
ke kō

Nā Meakanu
ka loulu
ka ʻōhiʻa
ka ʻōlapa
ka ʻieʻie
ke olomea
ka puʻe
ka lauaʻe
ke kokiʻo
ka ʻōhelo
ka ʻākala

ke koa
ka ʻēkaha
ka hōʻawa
ka hāhā
ka hāpuʻu
ka maile
ka māmaki
ka palapalai
ka uluhe
kā naupaka kuahiwi

Nā Pua

ka pakalana
ka loke
ka pīkake
ka ʻilima
ka ʻokika
ka pua aloalo
ka ʻawapuhi
ke kupaloke
ke kiele
ka pua mēlia
ka lehua
ka pua kenikeni

Papa Wehewehe Hua'ōlelo

A

ke ao - cloud; day
ke āhole - type of fish
ke alahaka - ladder
ke alakau - mode of transportation
ke alelo - tongue
ke alo - front
ke ana mīkā koko - blood pressure cuff
ke ana paona - scale
ke ana wela - thermometer
ke aniani kilohi - mirror
ke aniani nānā - mirror
ke anilā - weather
ke ānuenue - rainbow
ke a'u - marlin, swordfish

I

ka ihu - nose
i lalo - down, beneath, below
i loko - inside
i luna - up, above, over
ka imu - underground oven
ka inu - to drink
ka ipu - gourd drum
ka ipu hao - metal pot
ka ipu haole - watermelon
ka ipu heke - gourd drum with a top section
ka ipu kī - tea pot
ka ipu 'ai waha - watermelon
ka ipu 'ala - cantaloupe melon
i waho - outside
ka iwakālua - twenty
ka i'a - fish

O

ke olomea - native shrub
ke olonā - native shrub
ke one - sand

U

ka ua - rain
ka uaki - clock
ka uapo - bridge
ka uē - to cry
ka uila - lightning
ka uhi - yam
ka uhi pūku'i - hub cap
ka uhu - parrot fish
ka ula - lobster
ka uliuli - dark; deep blue
ka ulua - jack fish
ka uluhe - a type of fern
ka umauma - chest
ka unauna - hermit crab

H

ka hainakā pepa - tissue
ka hao kope - pitchfork
ka hao kō'ala - barbecue grill
ka hao pīnana - playground equipment
ka hao wili - wrench
ka hau - snow; lowland tree
ka haukōhi - ice shave
ka haupia - pudding made of cornstarch and coconut cream
ka hau'oli - to be happy
ka hāhā - lobelia
ka hāhālua - manta ray
ka haka - heart
ka hakahaka - vacant space; empty
ka haka kaula'i pā - dish rack
ka hakakau pahu - shelf
ka hākōkō - to wrestle
ka halakahiki - pineapple
ka hale hana - workshop
ka hale ho'oulu meakanu - green house
ka hale kū'ai mea'ai - grocery store
ka hale moa - chicken coop
ka hale pēpē ki'i - doll house
ka hale 'īlio - dog house
ka halihali - to transport
ka hāmale - hammer
ka hana - work; action
ka hānaiahuhu - pet
ka hāpai hao - to lift weights
ka hāpu'u - fern
ka hāwa'e - sea urchin
ka hā'uke'uke - sea urchin

ka ha'uki - sports
ka heihei - to race
ka hekehi - to hike
ka hekili - thunder
ka helekopa - helicopter
ka helu - number
ka heluhelu - to read
ka he'e - octopus
ka he'e hau - ski
ka he'e lū'au - squid lū'au
ka he'e nalu - surf
ka hēī - papaya
ka hiamoe - to sleep
ka hiena - hyena
ka hīhīmanu - sting ray
ka hīmeni - to sing
ka hīnālea - wrasse
ka hipa - sheep
ka hipopōkamu - hippopotamus
ka hō - hoe
ka hoaka - crescent
ka hoa 'ēko'a - opposite
ka hoe wa'a - canoe paddle
ka hōkū - star
ka hokua - nape of neck; shoulder
ka holoi pā - to wash dishes
ka holoholona - animals
ka holo moku pe'a - to sail on a sailboat
ka holo paikikala - to ride a bike
ka homeka - land snail
ka honu - turtle
ka honua - earth, land
ka honu 'āina - land turtle
ka hope'ō - yellow jacket, wasp
ka ho'ā - to turn on (as in - light, TV, radio, etc.)
ka hō'awa - native shrub
ka ho'ohele 'īlio - to walk a dog
ka ho'okahi - one (amount)
ka ho'olohe - to listen
ka ho'opio - to turn off (as in - light, TV, radio, etc.)
ka hū - spinning top
ka huaale - pill, tablet
ka huamoa - chicken egg
ka huila - wheel
ka huilapalala - wheelbarrow
ka huinahā like - square
ka huinahā lō'ihi - rectangle
ka huinakolu - triangle
ka huhui hua waina - a cluster of grapes
ka huka - zipper
ka huki - to pull
ka hula - to dance
ka hulahula pālē - to dance ballet
ka hulu manu - feather
ka hulu pena - paint brush
ka humuhumunukunukuapua'a - trigger fish
ka hu'ihu'i - cold

K

ke kaea - tire
ke kai - sea
ke kaiaka - kayak
ke kaiapa - diaper
ke kaimana - diamond
ke kaimine - saimin
ke kao - goat
ke kauka - doctor
ke kauka niho - dentist
ke kaula - rope
ke kaula kaula'i lole - clothes line
ke kaumaha - sad; heavy (weight)
kahakai - beach
ke kahi - comb
ke kahua pā'ani - playground
ke kahu mālama puke - librarian
ke kahu ma'i - nurse
ke kahuna pule - priest, pastor
ke kakā - duck
ke kākau - to write
ke kākau 'ōlelo - secretary
ke kakā keiki - duckling
ke kākela one - sand castle
ke kākini - sock
ke kala - crayon; surgeonfish
ke kālā - money
ke kalaikikala - tricycle
ke kalaina - rock carving
ke kalaiwa - driver
ke kalaka - truck
ke kālana kākau - notebook
ke kala paipu - pipe wrench
ke kalapu hīmeni - band
ke kāla'au - dancing stick
ke kāleka hakalama - syllabary card

ke kalelē - celery
ke kalipa - slipper
ke kalipalaoa - cauliflower
ke kalo - taro
ke kāloke - carrot
ke kamanā - carpenter
ke kamani - a large tree
ke kāmano lomi - lomi salmon
ke kāma'a - shoe
ke kāma'a hāwele - sandals
ke kāma'a ha'uki - gym shoes, tennis shoes
ke kāma'a hila - high heels, pumps
ke kāma'a huila - roller skates
ke kāma'a peku kai - fins
ke kāma'a puki - boots
ke kāmelo - camel
ke kamepiula - computer
ke kanaka hana uila - electrician
ke kanakalū - kangaroo
ke kānana - strainer
ke kanapī - centipede
ke kāne - man
ke kanu - to plant
ke kāpiki Pākē - Chinese cabbage
ke kapolena - tarpaulin, canvas
ke kapuahi - stove
ke kapuhili - butterfly fish
ke kapu wai - water tub
ke kapu 'au'au - bathtub
ke kāwele - towel, cloth
ke kāwele pepa - napkin
ke ka'a - vehicle
ke ka'aahi - train
ke ka'a hai - taxi
ke ka'a kauō - tractor
ke ka'a kinai ahi - fire truck
ke ka'alehia - gymnastics
ke ka'a mākeke - shopping cart
ke ka'apēpē - baby stroller
ke ka'a pōulia - ambulance
ke ka'a wane - van
ke ka'a'auhuki - child's wagon
ke ka'a'ōhua - bus
ke ka'a'ōhua kula - school bus
ke kā'ei 'ā'ī - scarf
ke kā'eke'eke - bamboo pipes
ke ka'ukama - cucumber
ke karatē - karate
ke keko - monkey
ke kele - jelly
ke keli - cherry
ke kenika - tennis
ke kepela - zebra
ke ke'ena kauka - doctor's office
ke ke'oke'o - white
ke kiele - gardenia
ke kiupe ho'olohe - stethoscope
ke kihe - to sneeze
ke kihikihi - moorish idol fish
ke kika - tiger
ke kikā - guitar
ke kīkala - hip
ke kikonia - stork
ke kilape - giraffe
ke kiloi - to throw
ke kimeki iwi - cast
ke kimepani - chimpanzee
ke kimchī - kimchi
ke kinai ahi - fire fighter
ke kini ho'opulu meakanu - watering can
ke kinika - sink
ke kini mea'ai - canned food
ke kini pipi - canned corned beef
ke kinipōpō - ball
ke kini 'ōpala - garbage can
ke kino - body
ke kinona - shape
ke kipikua lima - pickaxe
ke kīwī - television
ke kī'aha - cup
ke kī'aha ana - measuring cup
ke kī'aha kī - teacup
ke ki'i - picture
ke ki'i kālai - statue, rock carving
ke ki'i milimili - stuffed animal
ke kiriala - cereal
ke kō - sugar cane
ke koa - native forest tree
ke kou - a type of tree
ke koholā - whale
ke kokī - couch
ke koki'o - native shrubby hibiscus
ke kokoke - near
ke kole - surgeon fish

ke kōlea - pacific golden plover
ke kolepa - golf
ke kolila - gorilla
ke kolo - to crawl
ke kolūkalaiwa - screwdriver
ke koneko - doughnut
ke konela kolo - crawling tunnel
ke kopa - soap
ke kopa holoi lole - laundry soap
ke kopalā - shovel
ke kopa lauoho - hair soap
ke kopalā lima - hand shovel, trowel
ke kōpaʻa - sugar
ke kope - coffee
ke kope ʻōpala - rake
ke kopiana - scorpion
ke koʻa - coral
ke koʻe - worm
ke koʻi kālai - hoe
ke koʻokoʻo - cane
ke koʻokoʻo kālele - crutch
ke kua - back, rear
ke kueka haʻuki - sweatshirt
ke kuene - waiter
ke kui - nail
ke kui hoʻokomo lāʻau - syringe
ke kui lāʻau - wooden peg
ke kui nao - screw
ke kuka - coat
ke kuke - to cook; chef
ke kukui - light; lamp; type of tree
ke kukui hoʻokū - stop light
ke kukui paʻa lima - flashlight
ke kuli - knee
ke kūlina - corn
ke kūlolo - pudding made of baked or steamed grated taro and coconut cream
ke kūmū - goatfish
ke kumu kuʻai - price, cost
ke kumulāʻau - tree
ke kupaloke - tuberose
ke kupa pāpapa Pukikī - Portuguese bean soup
ke kupuna - elder
ke kuʻekuʻe lima - elbow
ke kuʻekuʻe maka - eye brow
ke kuʻekuʻe wāwae - ankle joint, heel
ke kuʻukuʻu - short-legged spider

L

ka lā - sun
ka lae - forehead
ka laehaokela - rhinoceros
ka laiki - rice
ka laikī - lychee
ka lauaʻe - fern
ka lauoho - hair
ka laulau - Salt butterfish, beef, chicken or pork wrapped in taro or ti leaves and then steamed
ka lauʻai - vegetable
ka lauʻīpala - tang fish
ka lahopipi - eggplant
ka lakapī - rugby
ka lāmia - lemur
ka lani - sky
ka lāpaki - rabbit
ka lapawāwae - shin
ka lawaiʻa - fishermen
ka lawe leka - mailman
ka lāʻau lapaʻau - medicine
ka lāʻī - ti-leaf
ka lei - garland
ka lei ʻāʻī - necktie
ka lei ʻilima - lei made of a native shrub with small yellow or orange flowers
ka lehelehe - lip
ka lehua - flower of the ʻōhiʻa tree
ka leki - tape
ka leki ana - measuring tape
ka lekuke - lettuce
ka lele - to jump
ka lemi - lime
ka lepo - dirty
ka lewa - sky
ka lio - horse
ka liona - lion
ka lio paipai - rocking horse
ka lihilihi maka - eye lashes
ka lī kāmaʻa - shoelace
ka lima - hand
ka lina hoʻolana - floater
ka liʻiliʻi - small
ka lō - earwig
ka loulu - native fan palm
ka loke - rose

ka lokomoko - loco moco
ka lole - clothes
ka lole moe pō - sleep clothes
ka lole wāwae kueka ha'uki - gym pants, sweat pants
ka lole wāwae pōkole - shorts
ka lole wāwae 'ēpane - overalls
ka lole 'au'au kai - swimsuit
ka lole 'a'ahu - gown
ka loli - sea cucumber
ka lolouila - laptop
ka lopako - robot
ka lō'ihi - long; tall
ka lua - bathroom
ka lula - ruler
ka lumi kuke - kitchen
ka luna kānāwai - judge
ka lupe - kite; stingray
ka lupo - wolf

M

ka maile - a native twining shrub
ka mai'a - banana
ma uka - upland
ka mahi'ai - farmer
ka maka - eye
ka makaaniani - eyeglasses
ka makaaniani kaupale - safety glasses
ka makaaniani kala - sunglasses
ma kai - seaward
ka makakina - magazine
ka makaki'i - mask
ka makana - gift
ka makani - wind
ka māka'i - policeman
ka makasina - magazine
ka mākeke mahi'ai - farmer's market
ka makika - mosquito
ka mākoi - fishing pole
ka māku'e - brown
ka māla - garden
ma lalo - below; bottom
ka malasada - malasada
ka mālie - calm
ka mālolo - Hawaiian flying fish
ka malo'o - dry
ma luna - atop; top
ka māmā - light (of weight)
ka mamao - far
ka māmaki - small native tree
ka māmalu - umbrella
ka mānai - needle
ka manakō - mango
ka manamana lima - finger
ka manamana nui - thumb
ka manamana wāwae - toe
ka manapua - manapua
ka manini - reef surgeonfish
ka manini palai - fried manini
ka manō - shark
ka manu - bird
ka manu aloha - lovebird
ka manu kū - dove
ka manu māka'i - cardinal
ka manu mele - canary
ka manu pāloke - parrot
ka manu peleita - mejiro
ka manu pīkake - peacock
ka māpa - mop
ka māpala - marble
ka māpina - muffin
ka māpoho ma'i - surgical mask
ka ma'ema'e - clean
ka mea inu - drink
ka meaola kai - sea creatures
ka mea hou - something new
ka mea holoi - eraser
ka mea ho'omiko 'ai - seasoning (for food)
ka mea ho'opa'a kāwele pepa - napkin holder
ka mea kau lole - hanger
ka mea kahiko - something old
ka meakanu - plant
ka mea pa'a ipu hao - pot holder
ka mea pā'ani - toy
ka mea puhi palaoa - baker
ka mea'ai - food
ka mea'ai 'īlio - dog food
ka mea 'ako lauoho - barber, beautician
ka mea 'enehana - technician
ka mea 'ohi kālā - cashier
ka mea'ono - cake
ka mea'ono pua'a - manapua
ka mea 'uī lemi - lemon juicer
ka mekanika - mechanic

ka melemele - yellow
ka mīkana - papaya
ka mikilima - gloves
ka mikilima laholio - latex gloves
ka mīkini holoi lole - washing machine
ka mīkini holoi pā - dishwasher
ka mīkini kāwili - mixer, blender
ka mīkini kumuwili - drill
ka mīkini kupa kope - coffee maker
ka mīkini kupa laiki - rice cooker
ka mīkini pā sēdē - cd player
ka mīkini pūlehu palaoa - toaster
ka mīkini ʻohi kālā - cash register
ka mīkini ʻoki mauʻu - lawn mower
ka mīkini ʻūmiʻi - stapler
ka mikiʻao - fingernails
ka milo - a type of tree
ka minoʻaka - smile
ka moa hulihuli - rotisserie chicken
ka moa kāne - rooster
ka moa keiki - chick
ka moa laiki loloa - chicken long rice
ka moa wahine - hen
ka moe - bed
ka moena - carpet; mat
ka moena hoʻolana - floating lounger
ka moena kuakuai kāmaʻa - door mat
ka moi - threadfish
ka mōkoi - fishing pole
ka mokokaikala - motorcycle
ka moku - ship
ka moku kolo - tugboat
ka mokulele - airplane
ka moku peʻa - sailboat; yacht
ka momona - fat
ka monamona - dessert
ka mōpeka - moped
ka moʻo - lizard
ka moʻopuna - grandchild
ka mū - big eyed emperor fish
ka mūheʻe - cuttlefish
ka mū ʻai lāʻau - termite
ka muʻumuʻu - dress
ka musubī - musubi

N

ka naiʻa - dolphin
ka naonao - ant
ka naupaka kuahiwi - mountain shrub
ka nāhesa - snake
ka nalo - fly
ka nalo meli - bee
ka nananana mahikō - cane spider
ka nananana makakiʻi - happy face spider
ka nananana pua - flower spider
ka nane ʻāpana - puzzle
ka naʻaukake - sausage
ka nēnē - Hawaiian goose
ka niu - coconut
ka niho - tooth; teeth
ka noho - chair
ka noho huila - wheel chair
ka noho kahakai - beach chair
ka noho lio - saddle
ka noho lōʻihi - bench
ka noni - small shrub
ka nui - big
ka nūnū - trumpet fish
ka nūpepa - newspaper

P

<u>ke</u> pā - plate
ka pāaniani - yarn
<u>ke</u> pā ehu lepo - dustpan
ka pae palaka uila - surge protector
ka pai - pie
ka paiō - fixed swing (as with two or more ropes or chains)
ka pāiki hāʻawe - backpack
ka paipu hanu - snorkle
ka paipu wai - water pipe
ka pāisi hāʻawe - backpack
ka pauka niho - toothpaste
ka paukū ʻolokaʻa - cylinder
ka pāuma lua - plunger
ka pāumu - farm
ka paheʻe - smooth
<u>ke</u> pahi - knife
ka pahiolo - saw
ka pahiolo uila - electric saw
ka pāhiʻu - dart
ka pahu - drum; to push

ka pahu hau - ice box; refrigerator
ka pahu kula - cooler
ka pahu lako kāhiko - jewelry box
ka pahu meli - beehive
ka pahu pa'ahau - freezer
ka pahu pa'i ki'i - camera
ka pahu pepa - cardboard box
ka pahu 'ea - plastic container
ka pahu 'ume - drawer
ke pākaukau - table
ke pākaukau pikiniki - picnic table
ka pakalana - Chinese violet
ka pākeke - bucket
ka pāki - barge
ke pākini mea'ai - food trough
ka pāki'i - flatfish/flounder
ka pāku'iku'i - surgeonfish
ka palaea - pliers
ka palaoa - bread; flour
ka palauki - blouse
ka palaunu - brown
ka palaka - block
ka palakalī - broccoli
ka palaki - brush
ka palaki lauoho - hair brush
ka palaki niho - tooth brush
ka palapalai - a native fern
ka pala'ai Kepanī - kabocha (Japanese pumpkin)
ka paleupo'o - helmet
ka palekoki - petticoat; skirt
ka palema'i - underwear
ka pale pākaukau - table cloth
ka pale pukaaniani - window curtain
ka pale'ili - t-shirt; undershirt
ka palila - Hawaiian honeycreeper
ka pāloke - parrot
ka pāluna - balloon
ka palupalu - soft
ka pana pua - archery
ke pani - to close (as a door or window)
ka paniolo pipi - cowboy
ke pani 'īpuka - gate
ka papa hehi - footboard (used for dancing)
ka papa he'e nalu - surfboard
ke pā pahiolo - saw blade
ka papa hō'ike'ike - display board
ka papa huila - skateboard
ka papa hulei - seesaw
ka papa kaha nalu - bodyboard, boogie board
ka papa ke'oke'o - white board
ka pāpākole - buttocks
ke pā palai - frying pan
ka papa lā'au - lumber
ka pāpale - hat
ka pāpale lauhala - lauhala hat
ka pāpālina - cheek
ka pāpapa - bean
ka papa pahe'e - slide
ka papa peni kuni - white board
ka pāpa'i - crab
ka papa 'oki'oki - cutting board
ke pā pepa - paper plate
ka pāpeta - puppet
ka pāpulō - buffalo
ka pa'akikī - hard
ka pa'a lole - suit (clothes)
ka pā'ani mū - checkers
ka pa'a poepoe - sphere
ka pa'a'iliono - cube
ka pā'ina lā hānau - birthday party
ka pā'ū - skirt
ka pā'ū lā'ī - ti leaf skirt
ka pareu - sarong
ke pā sēdē - compact disc
ka pea - pear; avocado; bear
ka pea Kina - Panda bear
ka pea pakaleke - Bartlett pear
ka peku - to kick
ka pelaha - poster
ka pelamakani - electric fan
ka pelehū - turkey
ka pena - paint
ka pena hale - house painter
ka penekuina - penguin
ka peni - pen
ka penikala - pencil
ka peni kuni - marsh pen, felt pen
ka pepaānue - construction paper
ka pepa one - sand paper
ka pepa hāleu - toilet paper
ka pēpē - baby
ka pepeiao - ear
ka pēpē ki'i - doll
ka pe'e - to hide

ka pia - Polynesian arrowroot
ka piha - full
ka pihaʻekelo - mynah bird
ke pihi - button
ka pīkake - Arabian jasmine
ka pika pua - flower vase
ka pika wai - water pitcher
ka piki - peach
ka pikiniki - picnic
ka piko - navel
ka pinao - dragonfly
ka pinapinao - damselfly
ka pipi - cow
ka pipi kū - beef stew
ka piʻi - to climb
ka piʻi kuahiwi - to climb a mountain
ka pō - night
ka poepoe honua - globe
ka poi - cooked taro that has been mashed into a smooth paste
ka pōhili - baseball
ka pōhīnaʻi - basketball
ka poho paʻakai - salt shaker
ka poho pepa - pepper shaker
ka pōhue - gourd plant
ka poke - cubbed raw fish
ka pōkē pua - bouquet
ka poke ʻahi - cubbed raw tuna
ka pōkole - short
ke pola - bowl
ke pola kī - teacup
ke pola kope - coffee cup
ka poli - bosom
ka polū - blue
ka poni - purple
ka pono hale - household items
ka pono hula - hula supplies
ka pono kula - school supplies
ka ponu - beetle
ka ponumomi - ladybug
ka pōpaʻipaʻi - volleyball
ka pōpeku - football
ka pōpoki - cat
ka pōwāwae - soccer
ka pōʻaeʻae - armpit
ka pōʻai - circle
ke poʻi - cover, lid
ke poʻo - head
ka poʻohiwi - shoulder
ke poʻo kililau - shower head
ka pua mēlia - plumeria blossom
ka puaʻa - pig
ka puaʻa uahi - smoked meat
ka puaʻa kālua kāpiki - kālua pig and cabbage
ka pua - flower
ka pua aloalo - hibiscus
ka pua kenikeni - a type of shrub with fragrant blossoms
ka puaʻiwai - drinking fountain
ka pueo - owl
ka puhi - eel
ke puhi - to blow
ka pukaaniani - window
ka puka uila - electrical outlet
ka puke - book
ka pūkoʻa - coral head
ka pulelehua - butterfly
ka pulelehua Kamehameha - Kamehameha butterfly
ka pulelehua kāpiki - cabbage butterfly
ka pūliki - to hug
ka pūlima - signature
ka pulu - wet
ka pūlumi - broom; to sweep
ka pū maiʻa - banana stalk
ke puna - spoon
ke puna ana - measuring spoon
ka puna iwi haki - cast (as for a broken arm)
ka pūnana manu - bird nest
ka pūnana meli - beehive
ka pūniu - small knee drum made of coconut shell
ka pūnuku - respirator
ka pūnuku ea - respirator
ka pūpū - shell
ka pūʻawa - ʻawa shrub
ka puʻe - native lobelia
ka pūʻili - bamboo rattles (used for dancing)
ka pūʻolo huaʻai - bag of fruit

W

ka waiū - milk; breast
ka waiūpaka lilikoʻi - passion fruit butter
ka waiūpaʻa - cheese
ka waiūtepe - yogurt

ka wahī ʻeha - bandaid
ka waihona - folder
ka waihona lāʻau lapaʻau - medicine cabinet
ka waihona lole - closet
ka waihona mea hana - tool chest
ka waihona mea maʻi - medicine cabinet
ka wai hōʻaʻala - perfume
ka waihoʻoluʻu - color
ka wai huaʻai ʻalani - orange juice
ka wai lūkini - deodorant
ka wauke - paper mulberry shrub
ka waha - mouth
ka wahine - woman, female
ka wahine hula - female hula dancer
ka wana - sea urchin
ka wāwae - foot; leg
ka wehe - open
ka weke - goatfish
ka wela - hot (heat)
ka wikiwiki - fast; quick
ka wilipaipu - plumber
ka wīwī - skinny, thin

ʻOkina

ka ʻaeko - eagle
ka ʻai - to eat
ka ʻaila kīkī - oil or lubricant spray
ka ʻaila pale lā - sunscreen
ka ʻau - to swim
ka ʻauae - chin
ka ʻaukuʻu - heron
ka ʻaha - millipede
ka ʻāhinahina - gray
ka ʻākala - pink; raspberries
ka ʻakaʻaka - to laugh
ka ʻakaʻakai lau - green onions
ka ʻakaʻakai pilau - garlic
ka ʻakolika - ostrich
ka ʻalakeka - alligator
ka ʻalani - orange
ka ʻalaʻihi - squirrelfish
ka ʻalemanaka - calendar
<u>ke</u> ʻāloʻiloʻi - damselfish
ka ʻanekelopa - antelope
ka ʻanoʻano - seed
ka ʻāpala - apple
ka ʻapapane - Hawaiian honeycreeper
ka ʻape - large taro-like plant
ka ʻapo - to catch
ka ʻawapuhi - ginger
ka ʻawapuhi kuahiwi - wild ginger
ka ʻāweoweo - type of fish
ka ʻāwīwī - quick, swift
ka ʻāʻī - neck
ka ʻeiwa - nine
ka ʻeono - six
ka ʻehā - four
ka ʻehiku - seven
ka ʻēkaha - bird's-nest fern
ka ʻekahi - one
<u>ke</u> ʻeke - bag
<u>ke</u> ʻeke kahakai - beach bag
<u>ke</u> ʻekemauʻu - burlap sack
ka ʻekolu - three
ka ʻelala - insect, bug
ka ʻelelū - cockroach
ka ʻēlemu - buttocks
ka ʻelepani - elephant
ka ʻeleʻele - black
ka ʻeli - to dig
ka ʻelima - five
ka ʻelua - two
ka ʻenuhe - caterpillar
ka ʻewalu - eight
<u>ke</u> ʻie - woven basket
<u>ke</u> ʻie huamoa - egg basket
ka ʻieʻie - an endemic woody, branching climber
<u>ke</u> ʻie ʻōhiʻa lomi - tomato basket
ka ʻio - hawk
ka ʻīlio - dog
ka ʻīlio hae - wolf
ka ʻili hoʻolohe puʻuwai - stethoscope
ka ʻili kuapo - belt
ka ʻilima - a native shrub with small yellow or orange flowers
ka ʻiliwai - water hose; spirit level tool
ka ʻiliʻili - pebbles; stones
ka ʻīpuka - gate
ka ʻiʻo holoholona - meat
<u>ke</u> ʻō - fork
ka ʻoihana - occupation; job
ka ʻoulanakana - orangutan
ka ʻohana - family
ka ʻohe - bamboo

ka ʻōhelo - a type of native shrub
ka ʻōhelo papa - strawberry
ka ʻōhiʻa - a type of tree
ka ʻōhiʻa lomi - tomato
ka ʻōhiʻaʻai - mountain apple
ka ʻohu neʻepapa - mist
ka ʻōkaʻi - moth
<u>ke</u> ʻoki - to cut
ka ʻōlapa - a type of native tree
ka ʻōlelo - to speak
ka ʻōlena - ash tree
ka ʻōlepe - clam
ka ʻololaha - oval
ka ʻoloʻolo wāwae - calf
ka ʻoma - oven
ka ʻōmaka waiū - nipple
ka ʻomawawe - microwave
ka ʻōmaʻomaʻo - green
ka ʻōpae - shrimp
ka ʻōpae me ka laiki - shrimp and rice
ka ʻōpelu maloʻo - dried mackerel scads
ka ʻopihi - limpets
ka ʻōpū - stomach
ka ʻōpuʻu - cone
ka ʻōpuʻupuʻu - lumpy, bumpy
ka ʻota - otter
ka ʻuala - sweet potato
ka ʻuala kahiki - potato
ka ʻuala maoli - sweet potato plant
ka ʻūhā - thigh; lap
ka ʻūhili nalo - fly swatter
ka ʻūhini kani - grasshopper
ka ʻūhinipule - praying mantis
ka ʻūhōloa kāwele pepa - napkin dispenser
ka ʻuku hipa - tick
ka ʻuku lele - flea
ka ʻukulele - musical instrument
ka ʻuku poʻo - lice
ka ʻūlau - spatula
ka ʻūlau meaʻono - cake server
ka ʻulaʻula - red
ka ʻulīkeke - baby rattle
ka ʻūlili - wandering tattle
ka ʻulīʻulī - gourd rattle
ka ʻulu - breadfruit
ka ʻumi - ten
ka ʻumikūmāiwa - nineteen
ka ʻumikūmāhā - fourteen
ka ʻumikūmāhiku - seventeen
ka ʻumikūmākahi - eleven
ka ʻumikūmākolu - thirteen
ka ʻumikūmālima - fifteen
ka ʻumikūmālua - twelve
ka ʻumikūmāwalu - eighteen
ka ʻumikūmāʻono - sixteen
ka ʻūmiʻi hoʻopaʻa - bench vise
ka ʻūpā - scissors
ka ʻupena - fishing net
ka ʻūpī - sponge
ka ʻūpoʻi maka - eyelid
ka ʻūʻū - soldier fish
ka ʻuʻupekupeku lio - horse spring rider

B

ka bea - bear

C

ka chāsiu - char siu

S

ka sāleta makaloni - macaroni salad
ka sila - seal
ka siriala - cereal
ka siriō - cereal
ka sūshī - sushi

T

ka tempura - tempura
ka tuko - glue

Z

ka zebera - zebra